"研究生学术论文写作"丛书

世界史研究论文写作

案例与方法

(实操篇)

◎吴 浩 编著

Paper Writing

上海大学出版社

图书在版编目(CIP)数据

世界史研究论文写作：案例与方法. 实操篇 / 吴浩编著. -- 上海：上海大学出版社，2024.11. --（研究生学术论文写作）. -- ISBN 978-7-5671-5130-7

Ⅰ. K1；H152.3

中国国家版本馆 CIP 数据核字第 2024ZZ2971 号

上海市一流课程(2022)《世界近代史》
上海市重点课程(2022)《世界近代史》 项目成果

责任编辑　贺俊逸　陈　强
封面设计　缪炎栩
技术编辑　金　鑫　钱宇坤

"研究生学术论文写作"丛书
世界史研究论文写作：案例与方法（实操篇）
吴　浩　编著
上海大学出版社出版发行
（上海市上大路 99 号　邮政编码 200444）
（https://www.shupress.cn　发行热线 021-66135112）
出版人　余　洋

*

南京展望文化发展有限公司排版
上海普顺印刷包装有限公司印刷　各地新华书店经销
开本 710mm×1000mm　1/16　印张 11　字数 161 千
2024 年 11 月第 1 版　2024 年 11 月第 1 次印刷
ISBN 978-7-5671-5130-7/K·298　定价　62.00 元

版权所有　侵权必究
如发现本书有印装质量问题请与印刷厂质量科联系
联系电话：021-36522998

"研究生学术论文写作"丛书编委会

主 任 张建华

副主任 张勇安 李常品 曾桂娥 余 洋
戴骏豪 姚 蓉

委 员（按姓氏笔画为序）

丁治民	丁敬达	于瀛洁	王 勇
王廷云	王远弟	毛建华	方 勇
卢志国	叶海涛	田立君	宁镇疆
刘文光	闫坤如	严三九	李凤章
李桂琴	李颖洁	吴 浩	沈 荟
张恒龙	张新鹏	陆丹丹	陈 静
陈 瑜	尚 新	姚 萱	聂永有
唐青叶	黄晓春	梁 奇	曾 军
廖大伟	阚怀未	戴世强	

总 序

教育部办公厅《关于进一步规范和加强研究生培养管理的通知》明确指出,研究生培养单位要加强学术规范和学术道德教育,把论文写作指导课程作为必修课纳入研究生培养环节。上海大学积极响应,安排各个学院组织开设相关课程并纳入研究生培养环节,取得良好效果。

为了进一步提升研究生培养质量,上海大学研究生院和上海大学出版社联合策划了"研究生学术论文写作"丛书,作为研究生学习学术写作的指导用书。本丛书内容涵盖文科、理科、工科、医学、经济、管理等多个学科,邀请各学科教授及学术骨干领衔担任主编,并根据学科特点,采用以下两种编纂模式:一是对已发表的高水平论文进行综合分析,归纳出写作要点;二是在已发表的论文案例基础上,论文原作者解析撰文过程和注意事项。这种"案例+方法"的编纂模式,通过论文作者现身说法的方式,从问题意识、论证方法、创新之处等方面揭示论文的成文之道,为研究生提供可参考、可借鉴的学术写作范例。

上海大学老校长钱伟长生前指出,研究生培养分为两个阶段,一个是课程学习阶段,另一个是论文写作阶段。钱校长非常重视研究生学术论文写作能力的培养,他曾经在研究生开学典礼的讲话中指出:"论文很重要。写论文以前,你首先要到第一线找到人家的'肩膀'在哪儿。"本丛书的编纂,践行钱伟长教育思想,探索案例和方法相结合的教学途径,为研究生提供学术研究的"肩膀",为各学科研究生提供学术论文写作的方法指导,也可为青年教师撰写学术论文提供思路启发。

我们真诚地希望使用本丛书的教师、学生以及广大读者对其中存在的问题提出修改意见或建议,交流互鉴,共彰学术。

"研究生学术论文写作"丛书编委会

2021 年 9 月

目录

序言 ... 1

第一章　撰写世界史学术论文如何查找史料 ... 1
　一、世界史常用史料的类型 ... 1
　二、如何搜集课题研究所需的二手史料 ... 1
　三、如何搜集课题研究所需的一手资料 ... 8
　四、搜集史料的原则 ... 10
　五、如何整理史料 ... 11
　六、史料的运用 ... 14

第二章　撰写世界史学术论文如何选题 ... 17
　一、优秀的历史学论文选题必须具备突出的问题意识 ... 17
　二、优秀的历史学论文的选题必须具有创新性 ... 20
　三、世界史学术论文写作如何选题 ... 22

第三章　如何写好世界史毕业论文的开题报告 ... 26
　一、世界史毕业论文开题报告书写步骤与规范 ... 26
　二、世界史毕业论文开题报告范本 ... 30

第四章　世界史学术论文的格式与规范 ... 60
　一、题目 ... 60

二、摘要　　　　　　　　　　　　　　　　　62

  三、关键词　　　　　　　　　　　　　　　69

  四、目录　　　　　　　　　　　　　　　　69

  五、导语　　　　　　　　　　　　　　　　72

  六、正文　　　　　　　　　　　　　　　　79

  七、结论　　　　　　　　　　　　　　　　86

  八、文献与史料引用　　　　　　　　　　　88

  九、注释　　　　　　　　　　　　　　　　92

  十、参考文献　　　　　　　　　　　　　　93

  十一、后记　　　　　　　　　　　　　　　93

  十二、论文的校对、查证与修改　　　　　　94

第五章　世界史学术论文的投稿与发表　　　96

  一、世界史学术论文的投稿刊物　　　　　96

  二、学术期刊审稿流程与标准　　　　　　100

  三、作者投稿前后的注意事项　　　　　　104

第六章　如何书写世界史书评与文献述评　　110

  一、如何撰写世界史学术书评　　　　　　110

  二、如何撰写世界史文献述评　　　　　　122

第七章　历史学论文写作的学术不端行为　　129

  一、史学论文写作的学术道德问题　　　　129

  二、史学论文写作的学术伦理问题　　　　133

附录1　世界史学术论文版式书写规范　　　140

  一、注释书写规范　　　　　　　　　　　140

  二、符号、数字、表格等书写规范　　　　150

  三、参考文献书写规范　　　　　　　　　152

附录2　学术出版规范　期刊学术不端行为界定　　154

序言

　　学术论文写作是世界史专业学生必须掌握的一项基本技能。2015年编者进入高校,承担世界近代史的教学与科研工作。在多年指导世界史专业硕士与博士过程中,编者惊讶地发现对当下许多世界史专业的学生而言,如何撰写一篇合格的学术论文仍然存在较大的困难。特别是许多学生根本不了解学术道德的底线与世界史学术论文的规范,甚至在最起码的文字表述方面都存在严重的问题。这使得编者陷入了深深思考:这一问题出现的根源究竟在哪里? 经过长时间教学与思考,编者认为大学四年历史学本科教育在学术论文写作训练方面的缺失,乃至从小学到大学语文教育的弊端都是造成这一问题的重要原因。这一问题如果得不到有效解决,势必影响到当下世界史专业研究生培养质量,甚至也会导致学生难以顺利通过毕业论文答辩以及毕业后教育部和教委对毕业论文的抽查。为此,编者根据上海大学世界史专业研究生培养方案,于2022年开设了"学术论文的写作规范与技巧"课程,至今已经开设了三轮。在这门课的教学中,编者努力探索如何将世界史学术研究与写作教学相结合,以期为学生提供更加系统、实用和有针对性的指导。这本教材正是这一努力的成果。

　　本书分为七章和附录,涵盖了世界史学术文写作的各个方面。第一章旨在帮助学生掌握世界史学术论文查找史料的方法与技巧,特别是在当下大数据时代,掌握学术数据库、相关网站查找资料的方法。第二章旨在帮助学生掌握世界史学术论文选题的方法与技巧，特别是明确什么是具有创新和问题意识的"分析性选题"，以及在研究中如何确定自己的选题。第三章结合具体的案例，旨在帮助学生深入掌握世界史毕业论文开题报告书写规范与方法。第四章结合具体的案例深入讲解了世界史学术论文的格式与规范，包括题目、中英文摘要、关键词、目录、引言（导论）、正文、文字书写、章节标题、注释、结语（结论）、致谢、参考文献等的规范与方法。第五章旨在帮助学生了解世界史学术论文的投稿与发表流程，理解学术期刊编辑部与同行评审的标准，投稿前后需要注意的有关事项。第六章针对世界史学生撰写书评只有内容梳理缺少深入评述以及文献综述中只是罗列学者主要观点，缺少对前人研究深入总结与评论的普遍问题，帮助学生深入掌握世界史学术书评与文献述评的规范与书写方法。第七章介绍了历史学论文写作的学术不端行为，旨在让学生深入理解世界史学术论文写作中究竟存在哪些不可触碰的违反学术道德与学术伦理的问题。附录1列举了世界史学术论文版式书写规范。附录2收录了《学术出版规范期刊学术不端行为界定》（CY/T 174—2019）中关于学术出版规范、期刊学术不端行为界定。

在编写本书的过程中，编者力求做到内容言简意赅、例证充分、实用性强。因此，编者选取了大量已毕业的世界史研究生开题报告、学位论文、期刊论文的相关内容作为案例进行深度分析。这主要是因为这些论文代表了大多数世界史研究生的水平，其暴露出的各种问题也具有普遍性与共性，因此，本书的针对性也会更加明确。除此之外，编者还选取了一些成名学者的学术论文相关内容作为案例进行分析。这样做的目的在于让世界史初学者明白优秀的世界史学术论文究竟优秀在哪里，以此明确自己未来在世界史论文写作中努力所要达到的标准。编者尤其要感谢那些在上海大学世界史专业必修课"学术论文的写作规范与技巧"课堂上的研究生们。正是他们提出自己在世界史学术论文写作出现的问题与疑惑，以及在选取以往学生的论文与成名学者的论文围绕"学术写作的技巧与方法"进行深入讨论的"实战性"教学环节中提出的深刻见解，激发了我对世界史学术论文写作规范与方法的这一问题的研究兴趣与思考深度。我希望这本薄薄的书能够成为刚刚进入世界史学术研究领域的学生的良师益友，帮助他们更好地掌握世界史学术论文写作规范与方法,从此不再"畏惧"论文写作,真真切切地提高学术论文质量。同时我也希望这本书能够为我国的世界史学科发展做出贡献。

  本书的顺利出版受益于所有关心和支持笔者教学工作的同事、朋友与学生。笔者要特别感谢上海大学研究生院常务副院长也是世界史学科负责人张勇安教授、上海大学研究生院副院长姚蓉教授多年以来对这份工作的支持。特别是2022年由编者承担的"学术论文的写作规范与技巧"课程获得了上海大学"一流研究生教育质量培养提升项目"的立项,2023年本书入选了上海大学"研究生优秀教材建设项目",这使得编者得以全身心投入世界史学术论文写作规范与方法的教学与教材写作工作中,在出版经费方面无"后顾之忧"。最后,上海大学出版社的编辑和工作人员的辛勤付出使这本书得以顺利出版,在此一并表示感谢。在未来的日子里,编者将继续努力,为世界史学术研究和教学事业贡献自己的一份微薄力量。

第一章
撰写世界史学术论文如何查找史料

史料是一篇史学学术论文最终能否顺利完成的最重要因素。没有史料的史学观点往往是"自说自话",整个论文也就成为"空中楼阁"。对于一名历史研究者而言,没有史料,史学研究就无法展开。随着近年来国内外学术交流的频繁以及世界史学科建设的不断完善,世界史学术论文也开始越来越重视史料,特别是一手史料(原始史料)的运用。对于一篇世界史专业期刊发表的学术文章和世界史硕博士学位论文而言,如果文章没有扎实的史料基础,完全就是不合格的。这一点已经成为当下世界史学界的共识。

一、世界史常用史料的类型

就世界史研究而言,常用史料通常包括一手史料与二手史料。一手史料主要包括与研究问题相关的各种未经人为"加工"过的资料,如官方档案文件、信函、日记、回忆录、口述资料、档案集、档案数据库、报纸等。二手资料主要包括与研究论题相关的专著、译著、期刊论文、未出版的学位论文等。世界史学术论文的写作同样需要在已有二手史料研究基础上大量使用一手史料。因此,搜集史料,做到"上穷碧落下黄泉,动手动脚找材料"就显得尤为重要。

二、如何搜集课题研究所需的二手史料

当研究者初步决定研究论题之后,接下来首先就要诵读近几十年来涉及该研究论题的专著、文章和未出版的硕博士论文,以便更为清晰地了解学术界对此问题研究的状况。那么如何有效寻找这些二手史料呢?

（一）充分利用学术搜索引擎

学术搜索引擎是世界史研究的必不可少的利器。在世界史研究中，围绕自己拟待开展的课题，通过学术搜索引擎搜索国内外相关研究信息是了解学界动态，发现新的研究问题，最终形成创新性成果的第一步。在世界史研究中，最经常使用的学术搜索引擎为：谷歌学术（Google Scholar）与百度学术。谷歌学术可以最大限度搜索与自己研究相关的国外研究成果信息，而百度学术的优势则在于最大限度地搜索与自己研究相关的国内研究成果信息。谷歌学术的网址为 https://scholar.google.com.hk/?hl=zh-CN。

由于谷歌学术属于外网，在不方便登录访问的情况下，也可以使用谷粉学术（GF soso）来替代。谷粉学术由学术文献研究者联合建立的文献检索服务，方便大家稳定快速地利用谷歌学术搜索查找文献进行学术研究。谷粉学术的网址为：https://www.gufen.net/或 https://gfsoso.99lb.net。

（二）充分利用图书馆的资源共享项目

在通过谷歌学术和百度学术等搜索引擎获得与自己待研究的课题相关的学术专著与期刊文章后，接下来就要充分利用图书馆的馆藏资源和其购买的数据库资源来获得资源。

1. 高校图书馆联盟

在搜集二手文献，特别是图书资源时，研究者需要充分利用所在学校，乃至省市、国家图书馆的资源查找资料。特别是很多学校图书馆开通馆际互借与文献传递服务。研究者应充分利用好这一资源。就世界史而言，当前国内在这一领域藏书最为丰富的分别为国家图书馆与上海图书馆。以本书编者所在的上海大学为例，该校图书馆就提供了从上海图书馆与国家图书馆馆际互借外文书的服务。此外，国内众多高校图书馆之间以及与国家图书馆、上海图书馆都组建了地区性高校图书馆联盟共享资源，并提供馆际互借服务。以"长三角高校图书馆联盟为例"，其共享上海及长三角高校、国图、上图文献资源，并提供馆际互借资源。通过其主页（http://csj.lib.sjtu.edu.cn）提供的联合目录搜索引擎，研究者可以锁定所需外文图书所在图书馆，进而通过学校图书馆馆际互借服务获得该书。

2. WorldCat 数据库

WorldCat 数据库是世界上最大的在线联合目录，由在线电脑图书馆中心所提供,内容涵盖170个国家、72 000所图书馆。研究者可以通过该网站查询自己所需的图书在世界各地(包括国内)的馆藏,特别是确定距离自己所在地最近的图书馆馆藏情况。该数据库网址为 https://www.worldcat.org/zh-cn。

3. CALIS 与 CASHL

除了馆际互借图书以外,许多高校图书馆还通过图书馆联盟的方式提供了文献传递服务功能。其中最常用的是CALIS(中国高等教育文献保障系统)、CASHL(中国高校人文社会科学文献中心)提供的文献传递服务功能。CALIS是经国务院批准的我国高等教育"211工程""九五""十五"总体规划中三个公共服务体系之一。其宗旨是,在教育部的领导下,把国家的投资、现代图书馆理念、先进的技术手段、高校丰富的文献资源和人力资源整合起来,建设以中国高等教育数字图书馆为核心的教育文献联合保障体系,实现信息资源共建、共知、共享,以发挥最大的社会效益和经济效益,为中国的高等教育服务。CASHL于2004年3月15日正式启动并开始提供服务。目前已收藏有11 796多种国外人文社会科学领域的核心期刊和重要期刊;1 799种电子期刊以及28万种早期电子图书;52万种外文图书;以及"高校人文社科外文期刊目次库"和"高校人文社科外文图书联合目录"等数据库,提供数据库检索和浏览、书刊馆际互借与原文传递、相关咨询服务等。其中CASHL在搜索国内图书馆馆藏外文图书与电子期刊方面的功能更为强大。研究者通过这两个平台,基本可以锁定自己所需外文图书与期刊论文的馆藏地,进而通过所在高校图书馆文献传递获取这些资源。

(三)充分利用电子图书与期刊数据库资源

1. 高校图书馆购置的国内外电子期刊

高校图书馆购置的国内外电子期刊也能成为世界史研究获取二手资料的重要来源。

(1)常见的中文电子期刊资源。

常见的中文电子期刊包括中国知网(CNKI)、维普、龙源电子期刊等,其中最常用的是中国知网。知网也提供了下载中文硕博士论文的服务。除此之外,由中国社会科学院图书馆(调查与数据信息中心)承建国家哲学社会科学学术期刊数据库(NSSD，https://www.nssd.cn)，也提供了电子期刊的免费下载服务(需要提前在网上注册)，特别是提供了众多中国知网没有收录、年代久远的期刊文章的免费下载服务。

(2) 常见的外文电子期刊资源。

世界史常用的外文电子期刊数据库主要包括 JSTOR(西文过刊全文库)、Taylor & Francis 期刊数据库、EBSCO 公司的学术期刊集成全文数据库(Academic Search Premier，简称 ASP)、Blackwell 电子期刊等。

JSTOR 全名为 Journal Storage，是当前最常用的学术期刊数据库之一。JSTOR 全文资料库所提供的期刊回溯年代最早至 1665 年。库中的"最新期刊"多为三至五年前的期刊。目前，来自 57 个国家的近 1 200 家出版社参与 JSTOR 项目，收录期刊超过 2 400 种。目前 JSTOR 的全文数据库以政治学、经济学、哲学、历史等人文社会学科主题为中心，兼有一般科学性主题共十几个领域的代表性学术期刊的全文数据库。

Taylor & Francis 期刊数据库。Taylor & Francis 出版集团拥有长达两个世纪的丰富出版经验，每年出版超过 2 600 种期刊和 7 000 种新书，出版物广泛涉及人文科学、社会科学、自然科学等专业领域，目前已成为世界上最大的学术出版集团之一。Taylor & Francis 期刊数据库包括人文社会科学期刊数据库和科技期刊数据库两个子库。

学术期刊集成全文数据库包括有关生物科学、工商经济、资讯科技、通信传播、工程、教育、艺术、文学、医药学、历史学等领域的 7 000 余种期刊，其中近 4 000 种全文刊(数据截至 2003 年 2 月)。

Blackwell 电子期刊。Blackwell 出版公司是全球最大的学协会出版商，与世界上 550 多个学术和专业学会合作，出版国际性期刊 700 余种，其中包含很多非英美地区出版的英文期刊。它所出版的学术期刊在科学技术、医学、社会科学以及人文科学等学科领域享有盛誉。

2. 高校图书馆购置的国内外电子书数据库

(1) 常见的中文电子书数据库。

这类资源主要包括：超星数字图书馆、读秀、CADAL。这三大平台都可以查询与下载中文电子书和部分期刊文章，其中读秀、CADAL(大学数字图书馆国际合作计划,China Academic Digital Associative Library)也可以查询与下载少量英文图书与期刊论文,以及学位论文。

超星数字图书馆,是国内最专业的数字图书馆解决方案提供商和数字图书资源供应商之一。目前拥有数字图书80多万种,涉及哲学、宗教、历史、社科总论、经典理论、民族学、经济学等各个学科门类,其下载服务以中文图书为主。

读秀学术搜索是完整的文献搜索及获取服务平台,其后台建构在由海量全文数据及元数据组成的超大型数据库基础上,以430多万种中文图书、10亿页中文资料为基础,为读者提供全文检索,并可以实现部分中文电子图书的下载。

CADAL是由国家投资建设,作为教育部"211"重点工程,由浙江大学联合国内外的高等院校、科研机构共同承担的图书数字化工程。CADAL项目一期(2001—2006)完成100万册图书数字化,提供便捷的全球可访问的图书浏览服务。CADAL项目二期(2007—2012)新增150万册图书数字化。CADAL网站收录的中文图书包括珍贵古籍、民国时期出版的图书、现代学术著作文库、博硕士学位论文及其他特色文献资源,英文图书则包括美国大学图书馆核心馆藏、技术报告等进入公共领域的图书资料。

(2)常见英文电子书数据库。

世界史研究常用的电子书数据库主要有EBSCOhost eBook Collection、Project MUSE、Gale eBooks(Gale电子书)等。

EBSCOhost eBook Collection整合了来自350多家出版社的高质量电子图书,涵盖自然科学、社会科学各领域。当前国内部分高校购买了这一数据库的部分或全部图书下载服务。

Project MUSE电子书共收录来自100多个主要大学及学术出版社的同行评审电子书约50 000种,并且不断增加。除收录近三年的新书外,还收录2000年以来再版书的电子书。目前涵盖的学科有:考古学与人类学、古典学研究、电影、戏剧与表演艺术、全球文化研究、高等教育、历史、语言、文学、哲学与宗教、诗歌与小说、政治学与政策研究、美国区域研究等。国内目前仅有部分高校购买了这一数据库的部分服务。

Gale eBooks(Gale 电子书)是一个综合性的参考工具电子书图书馆,包括大量 Gale 近五十年来最引以为荣的著名出版系列。这些系列在相应的领域都是最权威的参考书,历年来世界著名高校和公共图书馆的必备藏书。Gale 电子书平台上共有 23 000 余种高质量书籍,涵盖全球 100 多家知名出版社,覆盖各学科领域。

(3) 常见外文学位论文全文库。

这类资源最常用的就是 ProQuest 学位论文全文库。ProQuest 是美国国会图书馆指定的收藏全美国博硕士论文的机构。ProQuest 学位论文全文库(http://www.pqdtcn.com)可检索向 ProQuest 购买的 76 万多篇全文和摘要信息,并可推荐购买学位论文资源。近年来 Proquest 又推出了全球博硕士论文全文数据库(ProQuest Dissertations and Theses Global,简称 PQDT Global),收录 1743 年至今全球超过 3 000 余所高校、科研机构逾 448 万篇博硕士论文信息。其中,博硕士学位论文全文文献逾 250 万篇以及 490 多万篇学位论文文摘索引记录。内容涵盖 17 世纪的欧洲培养单位的博士论文、1861 年获得通过的全世界第一篇博士论文(美国)以及近期获得通过的博硕士论文信息。学科内容覆盖科学、工程学、经济与管理科学、健康与医学、历史学、人文及社会科学等各个领域。每周更新,年增论文逾 13 万篇。目前国内众多高校图书馆都购买了 ProQuest 学位论文全文库,部分高校图书馆(如北京大学与复旦大学图书馆)购买了其升级版 PQDT Global。

3. 高度实用的网络免费电子图书与期刊资源

除了上述图书馆购置的数据库资源以外,当前网络上还有大量非常实用的免费资源,可以帮助世界史研究者最大限度地获得开展研究所需的二手资料。

(1) 中文网络免费资源:全国图书馆参考联盟与鸠摩搜索。

全国图书馆参考联盟。由广东省立中山图书馆牵头,360 家成员馆(包括公共、教育、研究三大类型图书馆),1 200 多位参考咨询员共同参与的免费文献资源服务平台(网址 http://www.ucdrs.superlib.net),可以提供免费文献下载与传递服务,需要注册后才能使用。

鸠摩搜索。这是一个非常实用的国内图书下载网站,可以下载中英文图书,但以中文图书为主。网站不需要注册可以免费下载(网址为 https://www.jiumodiary.com)。

(2) 外文网络免费资源。

Library Genesis。可免费下载超过百万中外文电子图书与期刊文章(以外文为主)。网址有不同镜像,常用镜像为:https://libgen.rs 或者 http://libgen.is。特别是能够找到最新出版的图书与期刊资源。由于网址镜像经常变换,必要时需要通过谷歌来搜索网址。

Z-library。可免费下载超过数百万中外电子图书与期刊文章(以外文为主),特别是能够找到最新出版的图书与期刊资源。网址有不同镜像,最新电子图书镜像网址为:https://zh.zlibrary-global.se,最新电子期刊镜像网址为:https://zlib-articles.se。由于该网站网址镜像经常变换,研究者需要随时关注其官方博客(网址:https://zh.zlibrary-global.se/blog)发布的信息。

互联网档案馆(Internet Archive)。互联网档案馆是一个非营利性图书馆,拥有数百万免费书籍、电影、音乐等资料下载。该网站网址为:https://archive.org,其最大的特色在于可以找到许多年代久远的图书电子版,可与 Library Genesis、Z-library 配合使用。

Sci-Hub。可免费下载数以百万计的期刊论文与图书(以期刊论文为主),特别是 JSTOR 等付费期刊网站没有收录的期刊文章。该网站网址为:https://www.sci-hub.se 或 https://sci-hubtw.hkvisa.net。由于网站镜像经常发生变化,必要时需要借助谷歌来搜索其网址。此外,Library Genesis 镜像之一(网址为 https://libgen.li)和谷粉学术(网址为 https://gfsoso.99lb.net)分别内嵌了 Sci-Hub,也可以通过这两个网站从 Sci-Hub 下载所需的期刊文章。

除了上述四个最为常用的外文网络免费资源以外,其他常用的外文电子书网站还有:

开放图书馆(Open Library),是互联网档案馆旗下的非营利网站暨在线图书馆项目,收录公有领域图书为主,网址为:https://openlibrary.org。

世界数字图书馆(World Digital Library)。世界数字图书馆是联合国教科文组织和世界 32 个公共团体合作建立,由美国国会图书馆主导开发的知识共享计划。该网站免费提供自公元前 8000 年以来世界各地各文化的原稿、地

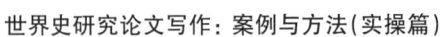

图、孤本图书、乐谱、档案、电影、绘画作品、照片、建筑设计图以及重要的文化材料下载,支持多种语言界面,可下载众多进入公共领域的图书。网址为:http://www.wdl.org/zh。

谷腾堡计划(Project Gutenberg,缩写:PG)。谷腾堡计划,由志愿者参与,致力于将文化作品数字化和归档,并鼓励创作和发行电子书。该工程是最早的数字图书馆。项目中大部分书籍都是公有领域书籍的原本,可免费下载。网址为:https://www.gutenberg.org。

三、如何搜集课题研究所需的一手资料

与中国史研究一样,世界史研究同样需要一手原始资料的支撑才能具有足够说服力。那么,如何才能获得这些一手资料呢?研究者可以通过以下两种途径来实现。

(一)充分利用国外档案馆资源

当前随着国内史学界与国外同行交流的日益密切,越来越多的世界史研究者可以出国进行交流访问,进而为直接赴国外档案馆查找资料创造了条件。与国内情况一样,国外档案馆一般也分为国家档案馆、地方档案馆和大学档案馆。研究者需要根据自己的研究领域与实际需要选择相应的档案馆查询资料。在查资料之前,研究者需要提前登录档案馆网站,熟悉查询档案的流程,通过搜索引擎实现查询所需档案的目录和编号。以英国国家档案馆(The National Archive)为例,查档前需要事先登录官方网址:http://www.nationalarchives.gov.uk,然后点击中间的"Search the catalogue"进入"Discovery",通过关键词和限制时间范围直接搜索即可。除了在网页上直接搜索之外,档案馆还为尚不了解自己所需档案的读者提供查档指导。点击主页上的"Help with your research",可看到档案馆已整理好的相关主题档案。同时网页亦有电子资料可供下载,部分免费,部分档案需付费下载。搜寻到所需档案之后,持有阅读证者可直接前往档案馆申请调阅档案。没有阅读证的读者需要在网上进行预注册之后,再携带相关文件前往档案馆办理阅读证。预注册网址为 https://secure.nationalarchives.gov.uk/login/yourdetails,按照网页要求填好完成预注册之后,会收到一封预注册确认邮件,准备好一份可证明你在英国住址的文件与

一份证明你姓名的文件(一般为护照)即可前往档案馆办理阅读证。美国国家档案馆(The U.S. National Archives and Records Administration)查档的流程也基本相同。查档前首先通过档案馆搜索引擎(网址为：https://catalog.archives.gov)查询自己所需要的档案馆藏地及编号,然后根据档案馆藏地和编号,前往档案馆调阅档案。调阅档案前同样需要办理读者卡。

(二)充分利用强大的专业历史数据库资源

近年来随着大数据时代的来临,人文学科的数据库建设发展飞速。就世界史研究而言,当前国外数据库公司建设了大量专业数据库,为研究者获得原始资料提供了充分的便利。当前世界史常用数据库主要由 Gale、Proquet、AMD(Adam Matthew Digital)、CINFO(现代信息)等学术出版社开发。这里给大家推荐姚百慧主编的《世界史研究外文数据库指南》(世界知识出版社2020年版)一书。这本书对于国内馆藏或可资利用的世界史研究数据库做了详细的分类和介绍。研究者可以根据自己的研究兴趣,找到相关数据库在国内的馆藏与网络链接。

这里首先简单介绍一下世界史研究的"利器"Gale Scholar 的用法。

Gale Scholar 项目汇集 Gale 出版的数十个数字化历史一次文献和历史报纸杂志数据库,共计超过 1.7 亿页文献资料,时间跨越 15 世纪至今 500 多年的人类历史。Gale Scholar 中的数字化历史文献均来自全球 300 多家知名图书馆、档案馆等学术界公认的权威机构。Gale Scholar 中专著、手稿、报纸杂志、照片、地图等类型丰富的文献资料涵盖历史、政治、法律、经济、文学、语言学、社会学、国际关系等众多学科,是跨学科研究的得力工具。

Gale Scholar 的原始档案跨库检索平台为 Gale Primary Sources,登录后可以利用关键词、主题、作者、收录机构和限定时空范围等方式来搜集所需的档案。

除了各个高校与科研机构,以及国家图书馆购买的数据库以外,还有一些网站构建的数据库免费对外开放。这些网络免费资源同样对世界史研究具有重要辅助作用。例如,美国高校图书馆建立的一个旨在将其成员馆所收藏的纸质文献进行数字化存储,为用户提供数字服务的数字图书馆项目——HathiTrust(网址：https://www.hathitrust.org),除了能够提供数以千万计的图书在线浏览或下载以外,还可以搜索到很多作为一手资料的政府官方出版物。互联网档案馆(Internet Archive),在该网站上除了可以利用19—20世纪早期图书以外,也可以找到很多原始文献。

除此之外,在各个具体研究领域,还有很多学者与研究机构建立了不少非营利性的数据库网站对外免费开放。例如,古希腊、罗马史领域的Perseus Digital library、Lacus Curtius:Into the Roman World。冷战史研究领域,美国各个总统图书馆网站,以及历史学家办公室编撰的《美国外交关系文件》(*Foreign Relations of United States*,简称FRUS)等都是该领域重要参考资料来源。关于这类免费资源信息,研究者需要在熟悉该领域研究状况的同时,充分利用谷歌搜索来获取。

四、搜集史料的原则

搜集史料是历史研究的一项最基础工作。能否全面搜集到研究所需的资料是决定论文最终能否顺利完成,研究是否有理有据的关键因素之一。在搜集史料过程中,研究者需要坚持以下四项原则。

第一,搜集最原始的材料。一手原始档案是历史研究中立论的根基所在。世界史论文同样需要一手原始史料的支撑。因此,在搜集史料的过程中,务必通过各种途径搜集课题研究的最原始材料。

第二,搜集原始资料要注重全面性。除了官方档案以外,相关当事人的日记、回忆录、口述、政府出版物、报纸都可以作为次一级原始资料,与官方档案形成互证或互补关系。

第三,搜集原始资料要注重创新性。研究者要努力寻找没有被充分利用的资料,力争做到史料方面的创新。例如,除了官方文献和档案,研究者也可以寻找私人信件、日记、回忆录、民间传说、歌曲、艺术作品、地方文献等非传统史料,从中挖掘新的视角和信息。

第四,最大限度搜集二手文献。二手文献在世界史研究过程中扮演着至关重要的角色。它不仅帮助研究者了解拟开展问题研究状况、建立研究的理论基础,还为提出新的分析性论题和假设提供支持,是实现创新的根本所在。研究者需要最大限度搜集相关二手文献,认真阅读,继而从中挖掘出更具创新性的题目。

五、如何整理史料

史料搜集工作结束后,就进入史料整理的环节。一篇论文涉及的史料纷繁复杂,往往史料字数在定稿论文字数的 100 倍以上。论文写作过程中,作者经常会出现某条史料记不清出处的情况。因此,条理清晰地整理史料工作就显得尤为重要。整理史料可以采取以下三种方式:

第一,充分利用 Excel 编排档案目录。在收集到档案后,研究者还可以借助 Excel 表格对档案作分门别类的整理,一方面便于将来在文中引用与找到出处,另一方面也有助于对不同档案进行比较,找出其中内在联系。目录通常应包含档案号、页码、文件时间、档案来源、内容简介五个方面的内容。

示例 1 是使用 Excel 表格整理的上海市馆藏 20 世纪五六十年代中国体育外交的部分档案表。

示例 1

上海市馆藏 20 世纪五六十年代中国体育外交档案表

档案号	页码	文件时间	文件名称	档案来源
B126-1-484-1	14—21	×年×月×日	上海市体育运动委员会关于中国乒乓球乙队访匈牙利、英国、瑞典工作总结	上海市档案馆
B126-1-556	2—8、14—16、23—24、27—28、32—34、38、45—46、52—53、55、57—58、62、68—69、75—76、80—81	×年×月×日	上海市体育运动委员会 1960 年接待朝鲜、匈牙利、蒙古乒乓队来沪访问比赛有关文件	上海市档案馆
B126-1-558	2—3、7—8、25、31—34、37—39、47—48	×年×月×日	上海市体育运动委员会 1960 年接待罗马尼亚乒乓球队、手球队来沪访问有关文件	上海市档案馆
……	……	……	……	……

第二,做笔记。做笔记是最常用的整理史料的方法,不仅是信息的记录过程,也是思考和创造的过程。有效的笔记方法可以帮助研究者整理思路、积累材料,并最终撰写出高质量的研究成果。研究者可以将阅读二手文献中涉及的主要观点、重要的间接材料、数据,以及阅读一手原始文献中的核心档案及出处摘抄到笔记本或者电脑。此外,在阅读过程中,作者形成的一些思考及思维火花,无论是否成熟,也可以记入笔记中,以待将来将其内化到论文写作中。随着研究的深入,研究者应不断整合回顾新旧笔记,更新信息,形成完整的研究档案,同时也可能会有新的发现和思考。

第三,做卡片。做卡片也是一种高效且灵活整理史料的常用方法,不仅有助于信息的收集和组织,而且通过操作卡片,还可以发现新的问题,形成新的研究思路。这些卡片可以成为撰写论文的宝贵资源。做卡片可以像做笔记一样,研究者可以按问题摘抄原文,然后注明完整的出处(包括作者、出版年份、书名/文章名、出版社/期刊名、卷号/期号、页码等)。研究者也可以围绕研究问题,按照时间顺序做大事记(时间、地点、人物、事件是四大要素),在大事记中将相应关键材料录入大事记中。在做卡片过程中,作者还可以随时在单独的卡片上记录自己对材料的反思、批评和评价,以及任何新的想法或假设。每张卡片可以加上一个标题,以便于未来归类整理。在所有卡片整理完成后,研究者可以按照主题、时间顺序或相互关联的议题、相似的观点等其他逻辑方式进行分类整理卡片,在此基础上基本就可以形成论文整体与部分相关章节的叙事框架。示例2来自上海大学硕士论文《英国对华进口配额政策演变(1949—1972)》作者张子恒同学所做的两张大事记卡片内容。

示例2

大事记卡片

19560316　C.T. Crowe 写给 S. Abramson 的信/1. 我刚刚看到一份莫卡塔小姐(Miss Mocatta)寄给我们的关于从中国进口的ILC.718号文件的复印件。你们可能知道我们已经和她在中国出口问题上有过通信,以及在多大程度上它们在将来构成或也许构成什么问题,即在英国和英国在东南亚的领土方面的问题。里奇3月7日写给莫卡塔小姐的信FO 1331/1提到了这一点。/2. 我们一致认为,就目前所能获得的证据而言,文件中提出的建议是完全合理的,但我想从关于和莫卡塔小姐信件中提出一个建议。就我们所见,中国出口的消费品,特别是纺织品,将会迅速发展,并且中国政府正在坚定不移地推动出口。尽管到目前为止,影响仅仅局限于东南亚市场,但中国有能力进一步扩大这些出口,并且用不了多长时间,影响可能会更加广泛。我认为,香港地区商人在扩大中国内地出口方面发挥了一定作用,这不仅仅是一种假设,它是值得相信的,即中国内地商品对英国市场的任何渗透都将紧随香港地区商人之后。因此,我建议,如果能够在到达香港地区的中国内地商品数量以及其随后的再出口方面有所研究,它将是对未来非常有用的。换句话说,第5段所述的情况可能值得进一步研究。/3. 我正在把这封信复印给莫卡塔小姐和殖民办公室的凯尔文·斯塔克。/C.T. Crowe's letter to S. Abramson, March 16, 1956, FC1151/21, FO371/120943, p.115.

19560430 S. Abramson 写给 C.T. Crowe 的回信/亲爱的 Crowe,我收到了你3月16号写给我的关于自中国进口的ILC.718号文件的建议信。/正如你所建议的,我和殖民部的官员进行了讨论,但是我担心我们必须得出结论,即我们不能做出什么有所帮助的事情。殖民部官员可以提供从中国内地到香港地区的进口货物数据,以及类似货物从香港地区出口的数据。然而,对他们来说,它将是不可能的,即发现在多大程度上自香港地区的出口货物中实际上有多少货物是自中国内地进口货物的再出口。如果有任何证据,即中国内地的货物在很大程度上通过香港地区到达英国市场——并且正如我所知道的,没有什么证据可以表明目前这将发生——我们可以更为仔细地审查该事件;我怀疑目前你就此事所提出的建议是否会有较大的意义。/我将发送这封信给莫卡塔小姐和殖民办公室的凯尔文·斯塔克。/S. Abramson's letter to C.T. Crowe, April 30, 1956, FC1151/30, FO371-120944, p.53.

六、史料的运用

在完成史料的整理后,作者需要反复阅读史料,根据文章初步设定的论文框架与文章核心观点以及主要分析问题应用史料。在这个过程中,还要将自己在整理阅读史料过程中形成的问题与想法融入文章的写作中。就世界史论文写作而言,史料应用要注意以下七项原则。

第一,要注意史料运用的全面性。这里主要包含两层意思:① 在论述中,要全面运用史料,确保从多个角度和不同的视角来呈现问题,避免片面性。如果史料运用不全面就会造成论证出现偏颇,乃至缺乏说服力。因此,文章中每一个方面和层次的论证都需要完备的史料支撑,切忌脱离史料或在史料不充分情况下"干巴巴"地论证、推断或假设。② 在论述中,注意运用不同来源的史料,增加论文论证力度。除了传统的原始档案以外,还需要充分利用日记、回忆录、报纸,以及公开出版的常见史料。史料来源也不要过于单一,可以利用来自不同机构、不同当事人的材料予以论证。这种情况在外交史论文写作中尤为需要引起高度重视。

第二,要高度重视对史料目的性、选择性与批判性,切忌堆砌史料。有些研究者搜集、整理外文史料非常辛苦,因此在论文写作中舍不得舍弃任何无关轻重的史料,反而不分主次将所有史料都添加到文章中,从而造成文章臃肿不堪。这样的文章将作者确定的研究问题与主线,以及深度思考分析和创新性观点淹没在庞杂的史料中,最终演变为记录流水账与历史细节,缺少深度问题意识的"大事记"或"叙事本末体"。对于每一名历史学研究者而言,在写作中,运用史料要紧紧围绕文章核心问题,选择关键性史料,用于论证文章核心观点。对于那些与文章主题不甚相关的史料,以及常识性历史事实的史料应该果断舍弃。对于文章中需要引用的史料,研究者应反复在内心思考一个问题,即所引史料的重要性和必要性到底在哪里?这部分史料是否是无可替代的?之后,再决定是否引用。这里需要特别指出的是研究者需要尽可能少地大篇幅直接引用史料(除非必须的情况下),特别是描述性与细节性史料。文章中过于堆砌这样的史料无疑会降低文章的研究深度,无法体现作者对研究问题的分析和创新性见解。如果确有需要使用这类史料可以使用间接引用的方式。

第三,运用史料要对所引用史料在原档案文献中前后背景与语境有深入理解。在文章写作中,有的作者在运用史料时不注重理解所引史料在原始档案中前后背景与语境,随意生硬引用,结果就出现了所引史料在原始档案和文章中表意完全不同的情况。因此,研究者在运用史料时应该全面阅读原始文献,理解其整体内容和主旨。在引用任何史料之前,研究史料的历史背景,分析史料在其原始语境中的含义,包括考虑它与前后文的关系,以及它在当时的社会、政治、经济和文化背景下的意义,切不可断章取义,也不可以为了论证自己的观点故意寻章摘句、裁剪"史料"或者对史料做牵强附会的解释,甚至错误解读。这种行为不仅违反学术道德,而且会损害自己的学术声誉。

第四,要注重分析不同史料之间的内在联系。在历史研究中,注重分析不同史料之间的内在联系是非常重要的。史料是历史的见证,它们可以提供关于过去的信息和线索。然而,史料往往是零散的、不完整的,因此需要研究者对它们进行整理和分析,以便构建一个完整的历史图景,切不可以孤立地引用不同史料。在运用史料时,研究者可以根据史料的类型(如文献、实物、口述等)、来源(如官方档案、私人信件、报纸等)、时间顺序等对史料进行分类和整理,并将整理史料时所做卡片或笔记按照事件或问题重新排列后反复阅读。通过比对不同史料之间的异同,研究者可以发现不同史料之间的内在联系,还原和建构完整的历史图景,从中挖掘出更为深刻的分析性问题,并确定缺失环节究竟还需要补充哪些档案。

第五,运用外文史料要注重文字翻译与表述符合中文表达习惯。这种情况在世界史论文写作中尤为常见,需要引起高度重视。由于世界史论文写作的史料大多来源于外文文献,因此,引用史料必然要经过文字翻译和重新整理两个环节。有些世界史论文中直接引用文字或间接引用经过作者概括总结的文字都存在文句表达严重"欧化",不符合中文表达习惯的情况。这种情况发生的主要原因在于外文与中文在语法、词汇方面存在严重差异,而作者对于外文史料的翻译又是"逐字"(word by word)直译的。因此,世界史写作在使用外文资料时需要对外文原有表达方式进行适当的调整和转化,以符合中文读者的阅读习惯。示例2直接引文来自一位世界史专业同学的硕士论文,就属于这种翻译语言不符合中文表达习惯的情况。

示例1

"亲爱的先生。继续举行农场罢工,越快越好。我注意到第24条——我们不能再忍受目前的农产品价格了——通知剪去14条黄油脂肪——谁能生存?我们现在必须做一些事情,我们有很多土地,但我们正在旅途中,终端农民不能再走了,所以让罢工来吧,我们准备好了。"

第六,史料的运用不是一蹴而就的,而是要反复斟酌,不断调整。在论文写作中,在写作过程中,随着对主题的理解加深,论文观点和论据可能会随之不断调整,具体的文字也会不断修改,这时,你需要重新评估所使用的史料,根据实际情况不断调整、删减、补充史料,以达到充分论证和支撑文章观点的目的。

第七,运用史料要注意直接引用和间接引用的区别。关于这方面的内容,可以参见本章"档案资料的直接引用与间接引用"的相关内容。

本章推荐阅读文献

1. 姚百慧:《世界史研究外文数据库指南》,世界知识出版社2020年版。
2. 周祥森:《世界史学术论文引言写作要素初论》,《史学月刊》2020年第12期。

第二章
撰写世界史学术论文如何选题

选题是决定学术论文写作成败的关键因素。一篇选题好的论文,往往给读者耳目一新的感觉,从而起到"题好文一半"的效果。此外,选题的好坏也是学术期刊编辑、同行评审专家在初审和外审时决定是否采用稿件的重要参考标准。虽然优秀的选题还要考虑到作者的写作水平、档案史料收集是否完备等因素,因而不一定最终成为一篇优秀的论文,但是平庸缺乏新意的选题,肯定无法写成一篇出色的论文。

优秀的历史学论文选题必须具有鲜明的问题意识和创新性。特别是在世界史的论文写作中,由于国外学者已经对相关问题进行了大量充分而深入的前期研究,国内研究者很难在材料、观点方面形成颠覆性的创新,因此,选题在提出问题方面的创新对于国内世界史研究者,特别是世界史研究生与青年学者就显得更为重要。

一、优秀的历史学论文选题必须具备突出的问题意识

选题是作者在学术论文写作需要分析与论证的问题,也是学术论文写作的起点与核心。作为历史学论文,优秀的选题一定要具有鲜明的问题意识,也就是能够提出一个或多个有意义且发人深省的问题。整篇文章的分析、论证与观点的阐释都要紧紧围绕着这些问题展开。具体而言,这类有意义且发人深省的问题一定不是历史事实的还原与历史细节、过程的描述和建构,而是致力于分析与揭示历史细节与过程背后掩盖的深层次原因、动力,乃至诸多历史现象之间复杂的联系。在历史学论文的写作中,历史细节和事实的构建与梳理当然是一项基本的工作,但是一篇优秀的历史学论文并不能仅仅停

留在历史的叙事(what),而更应该在此基础上提出深刻的问题(why and how)。后者才是一篇历史学论文的灵魂所在,同时也符合历史学作为一门科学的学科属性。

北京大学历史系王立新教授在他的《史学论文写作漫谈:如何选题》一文中将优秀的选题中提出的"有意义"的问题划分为三个标准。这三个标准对于历史学研究者,特别是世界史研究生与青年学者,如何在选题中提出"有意义"的问题无疑具有很大的启发性。

第一,"有意义的问题"应该是阐释性(interpretative 或 explanatory)和分析性(analytical)的,而不是描述性(descriptive)的。"阐释性"是指对历史现象的成因和意义进行解释;"分析性"是把主题、观点或概念分解为若干个方面或范畴(category)来阐释;而"描述性"是指对历史过程的叙述,告诉读者发生了什么。任何史学论文都需要对历史过程进行描述,但这种描述应该是辅助性的,是为作者的阐释和分析服务的,史学论文不能仅仅停留在描述,否则就成了始末记,研究者变成了说书人。……

第二,"有意义的问题"关注的是不同历史现象或进程之间的联系,特别是现象与更宏大的历史进程之间的关系,而不仅仅是现象(事件、过程、人物、政策等)的来龙去脉。这种联系既可以是因果关系,也可以是相互之间的关联性。……

第三,"有意义的问题"要超越"常规智慧"(conventional wisdom)探究历史现象和过程背后的深层动力,而不是简单的史实重建或对历史的经验性解释。史学研究最重要的工作不是提供历史的细节,当然细节很重要,它可以满足读者的好奇心,带来愉悦感,但更重要的是揭示深层次的动力——那些在历史过程中长期起作用、会重复出现的因素。任何历史现象都是在特定的历史情境(context)下发生的,是诸多因素"碰巧"(contingency)汇聚在一起发生作用的结果,具有特殊性,因此现象和细节是不会重复的,没有两种历史现象是完全一样的。重复发生的是深层次的动力和长期起作用的力量,发现和阐释这种力量是历史学家的主要

职责。……①

在历史学论文写作中,选题通常决定了文章写作的角度、方向,乃至基本的架构。例如,一个以历史细节与过程的叙述或建构为主体的选题必然决定了整篇文章无论是观点、视角还是架构都紧紧围绕着历史细节与过程的叙述或建构展开。一个具有深刻问题意识的选题决定了文章观点的叙述、视角和架构,要体现出鲜明的问题意识。这里举出三个世界史研究生毕业论文选题的案例。案例1选题是"乔治·寇松的'东方构想'及其实践"。这就是一个比较典型的拘泥于历史事实的构建,缺乏有意义、发人深省的分析性论题的选题。从这个选题来看,作者主要致力于梳理乔治·寇松的"东方构想"的形成过程及其如何付诸实践,而并没有从乔治·寇松的"东方构想"中挖掘更加深刻的阐释性或分析性论题。实际上我们完全可以从这样的选题中提出几个深刻的问题作为研究的论题,从而突出这一选题的问题意识,例如,寇松的"东方构想"形成背后具有哪些深层次原因? 哪些特殊且尚未为人所知的因素与寇松的"东方构想"形成之间存在密切联系? 寇松的"东方构想"在实践过程中受到哪些因素的影响,是否发生了新的变化? 如果将眼光更放大一些,可以提出更加深刻的问题,即在英帝国殖民史上,乔治·寇松的"东方构想"与英帝国殖民模式的转变是否存在深刻的联系? 循着这样的思路出发,这一选题才会突出更加深刻的问题意识。案例2的论文选题是"以赛亚·伯林在公共生活领域的思想与活动"。从这个论文选题来看,作者构建的研究问题显然是描述性问题,即致力于梳理以赛亚·伯林在公共生活领域的思想形成与个人经历。这一点从其后来的论文架构来看也得到了证明。作者显然并没有从中挖掘出更加深刻的研究问题,例如以赛亚·伯林在公共生活领域的思想与活动在他的整个思想发展历程中起到什么作用? 是否造成其思想发生转变? 如果发生了转变,这一转变背后的深层次原因是什么? 作为英国知识分子的代表,以赛亚·伯林在公共生活领域的思想与活动体现出其生活时期英国自由知识分子哪些思想动态? 案例3的论文选题是"从多边合作

---

① 王立新:《史学论文写作漫谈:如何选题》,《近现代国际关系史研究》2016年第11辑,第26—27页。

到双边协定——美国寻求与苏联环境合作路径的转变(1969—1979)"。这就是一个比较鲜明提出阐释性问题的选题。作者试图研究1969—1979年美国寻求与苏联环境合作,但作者并没有拘泥于这一史实与过程的建构,而是从中挖掘出新的问题。作者认为在寻求与苏联进行环保合作的过程中,美国经历了由在多边国际合作框架下寻求与苏联的环境合作机会,到单独与苏联签订双边环保合作协定的转变。所以作者提出的问题就是美国与苏联在环境合作由多边到双边的环境合作路径是怎样的?什么因素推动了美苏环境合作路径发生转变?这种路径的转变与美国的外交策略安排存在着怎样的联系?

二、优秀的历史学论文的选题必须具有创新性

与问题意识一样,创新同样是历史学论文选题的最基本要求之一。选题创新从根本上决定了研究者的研究如何区别于学术界以往的研究,而不是对前人研究的"重复"。历史学论文的选题创新通常存在三种形式:① 提出新问题(问题创新)。接上文而言,这就要求研究者在长期的知识积累后从新的视角挖掘出以前学界没有提出的有意义的阐释性或分析性问题。通常叙事性问题并不属于新问题,因为以往国内外学者在研究中或多或少都已经完成了史实建构或历史细节的叙述工作。对于国内世界史研究者而言,考虑到研究背景、档案材料以及相关历史知识积累的限制,世界史论文选题基本无法在史实建构或历史细节上实现重大的创新,因此需要高度重视研究问题的创新。② 针对未得到充分研究的"旧"问题提出新观点(观点创新)。这种情况实际上指研究者推翻以往的学界研究,提出补充性或"颠覆性"的观点。这种情况在中国史研究中比较常见,通常见于史料较少的研究问题。研究者通过史料的挖掘、考证深化或推翻了已有的观点。但是在世界史研究中,这种选题创新的取向难以实现,其原因在于中国研究者的研究背景、知识储备、档案材料的积累、语言水平的局限。③ 使用新材料开展研究(史料创新)。这种情况主要指在研究中通过挖掘并使用出新的史料实现的创新,这种创新主要出现在中国史研究中。在世界史研究中,我们搜集档案史料当然一定要强调尽量搜集别人没有发现或使用的新材料,但是这往往是一种理想状况。现实的

情况是国内世界史研究者在研究中收集的档案资料大部分都是国外学者早已发现或已经利用过的史料。当然中外关系史领域是一个例外。在这个领域,国内研究者可以充分挖掘中方材料结合国外史料,通过中外"多边档案"互证实现创新。

　　从上述三种形式的选题创新来看,对于世界史研究而言,在通常情况下,针对旧问题提出新观点的观点创新,以及使用新材料的史料创新都是难以做到的,因此,世界史研究者需要高度重视问题创新。只有在研究中提出具有学术与现实价值的新问题才有可能使得我们的世界史研究不再重复国外学界研究,也不再被中国史同行批评为国外学术研究的"编译"。这样的创新也真正有可能为国际学术界所承认。这里需要学习的例子就是法国历史学家、政治学家托克维尔写作的《论美国的民主》。托克维尔作为一个法国人,却写出了至今仍被世人赞誉的经典名著《论美国的民主》。这本书之所以成为全世界(包括美国)历史学、政治学、社会学界公认的经典著作,并不在于托克维尔对美国民主情况的梳理与介绍(实际上从今天来看他对美国民主的很多观察是比较粗糙、感性的,甚至还存在很多史实错误),而是在于托克维尔以自己对法国问题的现实关怀促使他在《论美国的民主》中提出一系列深刻、发人深省的问题:如平等与自由、民主与专制、国家权力与个体独立等二元概念之间的矛盾与关联,民主社会的个人主义与"多数人的暴政",法律与民情对于民主生成与维系的影响、宗教信仰在民主社会的功能等。这些问题即使在今天看来仍具有重大的理论与现实意义。这才是《论美国的民主》在长达近200年的时间里保持学术生命力的根本原因。托克维尔的《论美国的民主》实际上为非研究对象国的世界史研究者树立了很好的模板。例如,从事美国早期史研究的著名学者、宾夕法尼亚大学历史系迈克尔·朱克曼(Michael Zuckerman)教授在谈及中国学者的美国史研究如何取得国外学者瞩目的创新性成果时就曾经高度推崇托克维尔的《论美国的民主》,告诫中国学者从事美国史研究无须追随美国学者的研究路径,而是可以效仿托克维尔的《论美国的民主》用中国的视野来理解美国社会,进而提出深刻的研究问题:

　　至于托克维尔,只要论及美国以外美国史研究的传统,他就是一个无从绕开的精彩案例。作为一个外国人,托克维尔对美国制度做出了迄今为止最为深刻的剖析。这位法国贵族是想法别具一格的天才,他从美国民主的角度来看待他的贵族生活,又从贵族的角度来理解美国的民主,举凡这些特殊的眼光都造就了他的成功。托克维尔既试图将美国作为一个新的国家来理解,又站在法国贵族的立场看待美国,因而他得以捕捉到普通美国人所难以把握的要点。中国人、阿拉伯人、巴西人或俄罗斯人学习美国历史的优势,就在于他们有机会看到我们美国人所看不到的一些东西。这是一个充满挑战性、令人兴奋的机会。托克维尔写《论美国的民主》时,对本国情形的关注,并不少于他对美国社会状况的关注。同样地,我想中国的学生可以用中国的视野来理解美国社会,并用美国的情形反观中国的现象。①

三、世界史学术论文写作如何选题

优秀的世界史学术论文选题通常需要同时具备两个条件:① 能够提出一个或多个深刻的阐释性与分析性问题;② 选题提出的问题是以往国内外学界并没有关注或发现的新问题,具有较高的学术与现实价值。那么,世界史学术论文写作需要如何开展选题工作呢?具体而言,通常需要遵循以下五个步骤。

第一,研究者需要确定自己的研究论题或研究对象。选择研究论题或研究对象是历史研究过程中的关键步骤。研究者首先需要根据自己的兴趣选择研究论题或研究对象。由于研究过程往往漫长且充满挑战,因此选题符合个人的兴趣就显得至关重要,使作者可以在研究陷入困境时有动力坚持下去。此外,还需要注意的是,研究者的研究论题与研究对象需要尽量和导师的研究领域与方向匹配,以充分发挥导师在后续研究中的指导作用。

第二,在确定了研究领域与研究论题后,研究者需要尽最大努力搜集与研读和研究论题或对象相关的二手文献,也就是学术史的梳理。这一过程实

---

① 邢承吉访谈,林煜堃、陈志宏翻译整理:《迈克尔·朱克曼谈对美国革命影响与意义的重新解读》,澎湃新闻·上海书评,2017 年 11 月 12 日。网址: https://www.thepaper.cn/newsDetail_forward_1860308,2023 年 8 月 9 日浏览。

际上也是研究者与该领域前人研究者"对话"与"交流"的过程。通过文献梳理,研究者对该领域的认识逐渐深入,进而从前人的研究中发现有待拓展或深入的问题,或者从中挖掘出新的问题与新视角,或者将前人研究涉及的不同问题联系起来,探寻其中的关联,在此基础上初步形成自己的分析框架。

第三,在通过学术史梳理发现新问题与视角的基础上,研究者还可以借助以下方式确定或精化自己的选题。① 将自己研究的问题放到更加宏大的历史背景中进行思考,探寻这一问题在大历史进程中的意义。这样可以帮助研究者理解问题的发展脉络、变迁过程以及历史地位和影响。通过历史分析,研究者可以发现过去研究中被忽视的方面,或者识别出随时间变化而出现的新趋势和新问题。这种方法有助于产生具有深度和广度的研究题目。② 充分借助相关理论开辟新的研究视角与思路。研究者应当深入理解并掌握与研究问题紧密相关的一个或多个理论,并尝试将这些理论应用到具体的研究情境中,从中挖掘出新的视角与论题。这里需要注意的是,要灵活运用理论,确保理论与研究问题的紧密结合,切勿生搬硬套,将自己的研究只是作为论证理论的个案。③ 在选题过程中,研究者可以通过大胆假设、小心求证的方式形成新的问题与视角。研究者要主动思考是否可以将不同问题关联起来,是否已有研究在哪些方面可以进一步拓宽或深入。通过提出可能的解释、因果关系或相关性,然后通过实证研究来验证这些假设,研究者可以开辟新的研究方向,形成有意义的研究问题。④ 触类旁通,诱发选题。当研究者选题陷入困境时,可以通过参考其他领域或不同研究对象的方法和思路来获得灵感与启发,进而形成自己的选题。这种跨界的思考方式可以激发新的研究想法,带来不同领域之间的知识融合和创新。例如,有一篇文章讲到美国建国以来的扩张主义,其中涉及美国精英的天赋使命观。由此就可以形成新的选题,如"美国学术界对天赋使命观的研究与认知"或"天赋使命观与美国扩张主义的形成"。还有一篇文章讲到罗斯福新政时期联邦政府对南部租佃农的救助问题曾经简单提及这一救助的理念主要是建立在培育杰斐逊式的独立小自耕农的传统观念基础之上。由这一研究可以联想到这种培育杰斐逊主义小自耕农理念如何产生、在美国农业现代化进程中又是如何消亡的、培育杰斐逊主义小自耕农如何影响了美国政府的农业政策、美国政府又是如何放弃了这一理念等多个问题,并从中挖掘出新的选题。

第四,在确定自己的选题后,研究者需要认真考虑选题的可行性问题。主要包括以下三个层面:① 选题大小和范围是否适中。选题过大和过小都不是好的选择,过大的选题往往难以驾驭,有可能导致写作陷入空洞的泛泛之谈;过小的选题往往使研究过多局限于细节,"只见树木,不见森林",选题的价值难以凸显。理想的选题应该做到大小适中,"以大观小、小题大做、因小见大"。随着对文献的深入阅读和对研究主题的进一步理解,研究者有可能会对选题范围进一步聚焦,以便更深入地探讨问题。② 选题是否具有足够的史料支撑。在基本确定选题后,研究者应该继续围绕选题展开更加精细的资料收集与研读工作,确定自己能够搜集到的一手史料与二手文献是否能够支撑选题及其所构筑的分析框架,在此过程中可以根据材料对选题做出调整。一旦在实际研究过程中发现关键史料难以获取,或者并不存在。这时,就需要根据史料情况重新考虑研究的可行性,并对选题进行相应的调整。③ 选题的难易程度是否适合研究者的研究能力与时间规定。特别是对于学位论文而言,研究者需要评估选题的难易程度,确定自己的外语水平、研究能力是否能够驾驭,是否能在规定的时间按时完成研究任务。

第五,选题确定后,并非一劳永逸,后续研究中依然需要根据实际情况不断调整或优化选题。在后续研究中,研究者需要根据史料的补充与研读不断加深思考深度,从不同的角度、层面对选题进行拓展和深化,尝试不同的思路和方法,挖掘出更为深层次的论题,继而使选题更具吸引力和价值。除此之外,相关研究的最新进展,指导教师或同行的反馈也可能指明选题的局限性或潜在的改进空间,由此帮助作者优化研究问题。因此,研究者要保持一定的灵活性,在后续研究中需要根据各种实际情况对选题作出相应调整。如果发现选题存在问题或者效果不佳,要及时调整研究的视角与思路。

本章推荐阅读文献

1. 李剑鸣:《"大"与"小"的关系及其他——现代历史写作的挑战与应对》,《历史教学》2009 年第 15 期。
2. 王立新:《史学论文写作漫谈:如何选题》,《近现代国际关系史研究》2016

年第 11 辑。
3. 吴国盛:《学术写作的三大意识》,《学位与研究生教育》2021 年第 7 期。
4. 周祥森:《历史研究中的问题意识刍议》,《史学月刊》2017 年第 12 期。
5. 王邵励、高文财:《题好文一半:论历史学研究生学位论文的选题》,《学位与研究生教育》2015 年第 6 期。
6. 王学典:《历史研究为什么需要"问题意识"——与青年学生谈治学之二》,《北京师范大学学报》2020 年第 6 期。
7. 张勇安、杨长云:《世界史研究论文写作:案例与方法》,上海大学出版社 2022 年版。

第三章
如何写好世界史毕业论文的开题报告

开题报告是研究者在开展研究与写作之前,在广泛阅读文献基础上,对其选定的研究课题进行详细介绍和论证的一种书面应用写作文体。作为研究生毕业论文答辩资格审查的内容,开题报告是写好学位论文的基础。通过开题报告,可以检验学生对所选课题的理解程度、所选研究问题是否具有可行性、研究思路是否清晰、方法是否得当等方面的问题。因此,写好开题报告具有重要意义。

一、世界史毕业论文开题报告书写步骤与规范

世界史毕业论文的开题报告是世界史毕业论文写作的基础,也是决定一篇世界史论文的研究选题是否具有可行性,研究问题是否能够成立的关键所在。世界史毕业论文的开题报告通常包括选题的缘起与意义(研究背景与目的)、国内外研究概况(学术史梳理)、研究思路、主要框架与内容、研究方法、预期结果、参考文献等内容。

(一)开题报告的前期准备工作。这实际上也是确立选题的过程,主要包含以下四项步骤:① 确定研究方向。研究者首先需要根据自己的兴趣或导师的要求,确立研究大致的方向与范围。② 搜集查阅文献资料。在确立了大致的研究方向后,研究者广泛搜集与研究方向相关的学术研究专著、论文、报告等资料。中文资料可以通过百度学术、读秀等学术搜索引擎,以及中国知网等国内数据库进行检索,外文资料可以使用谷歌学术等学术搜索引擎,以及JSTOR等国外期刊数据库检索。③ 深入阅读与思考:研究者需要对查阅到的文献资料进行深入阅读和思考,了解研究领域的发展历程、研究现状以及存在的问题和挑战。在此基础上,研究者与导师反复协商,听取导师的意

见和建议,最终形成研究的分析性论题(这一步是论文成败关键,具体步骤参考本书第四章如何选题部分)。④ 评估文献资料。研究者需要粗略了解二手文献与一手档案史料的情况,评估这些文献是否足以支撑一篇硕士论文或博士论文。如果文献资料不足,需要继续查找相关资料。

(二)开题报告撰写的步骤。

1. 选题的缘起与意义

这部分内容实际上就是要回答作者为什么要选择自己的选题。因此在书写中,要突出该选题研究的问题在历史发展中的重要性,以及该选题具有的学术与现实价值。

在现实的写作中,很多学生在这部分的书写存在诸多不规范的地方。例如,很多人并没有突出研究问题在历史发展中的重要性,以及该选题具有的学术与现实价值,甚至将本该写在研究思路方面的内容写在了本部分。示例1选自一位世界史硕士生开题报告"作为国际议题的残疾儿童:国际联盟视障儿童福利保障项目研究(1919—1946)"的"选题的缘起与意义"部分的最后一段。实际上,这段内容主要写的是论文的研究思路与主旨,显然不应放在"选题的缘起与意义",而是应放入"研究思路"部分。

示例1

　　基于此,本文将从国际视角、儿童福利史视角和残疾史视角对国联视障儿童福利保障项目进行案例研究,再分析国联是如何就该项目与各成员国、美国乃至其他组织机构进行交涉合作,为国联在社会事务上的运行机制进行更细致入微的阐述;也将关注各方势力在视障儿童福利问题上的差异和相同之处,进而理解本文所研究时期内的视障儿童作为儿童和残疾人的概念的互动和演变。从而为理解国际治理中的多样性和相似性进行史料补充,也为儿童史和残疾史的研究提供国际视角的补充。

2. 国内外研究概况

开题报告的核心部分是对国内外学术界围绕论文主题的相关研究,按照问题导向或时段导向进行梳理与评论。这是确保研究工作站在学术前沿并具有创新性的关键环节。在撰写这一部分时,应当注意以下七点。

(1) 避免大段罗列文献:不应仅仅是简单地列出或堆砌已有的文献或观点,而应通过批判性分析来展示自己对研究领域的深入理解。

(2) 逻辑递进原则:在按照问题导向梳理学界研究时,应该遵循一定的逻辑顺序,如从宏观到微观、从理论到实证、从早期研究到最新进展等,使读者能够清晰地看到研究领域的发展脉络。

(3) 用自己的语言概括与综合:在引用原文进行文献梳理时,应该注重用自己的语言进行概括和综合,展现出对原始材料的理解和再创造能力,避免大篇幅大量直接引用原文,缺乏自己的语言概括与综合。

(4) 不应将通史类、档案类文献与官方出版物纳入学术史述评。通史类、档案类文献和官方出版物严格意义来讲并不属于专业的学术研究成果。这些材料虽然重要,但在学术史述评中应当与学术论文、专著等研究成果相区分,以便突出学术研究的批判性和深度。

(5) 文献述评缺失最后的深度总结、评论与展望环节。在文献述评的最后,应当有一个深度的总结,对现有研究的成就和不足进行评论,并提出未来研究的可能方向或自己研究的创新点。

(6) 缺乏对研究主题的清晰界定,导致文献梳理缺乏焦点,也就是问题导向的设置不合理。

(7) 忽视了国内外学术界的最新动态,导致文献梳理不够全面和及时。

为了避免这些问题,建议学生在撰写开题报告的核心部分时,详细参考本书第六章讨论的文献述评的写作方法,同时也可以寻求导师或同行的反馈,以提高文献梳理的质量。

3. 研究思路

这部分内容实际上就是在对前人研究进行深入梳理与评论的基础上,阐明自己的论文将怎样开展研究,即从什么视角切入,关注哪些问题,厘清哪些关系,以此也向读者表明自己的研究是如何在现有研究基础上提出新问题或提供新视角的,即从哪些方面承继了前人的研究,在哪些方面较之前人研究实现了怎样的创新,继而展示自己研究的意义和位置。这部分内容的表述通常可以遵循以下的模式。

　　……本文从……视角出发,主要关注……问题或关注……阶段,厘清 A 与 B……不同问题之间的逻辑联系,或者从 A 到 B 的演进历程,以及分析背后的原因。在此过程中,主要致力于解决以下问题:……

示例2来自一篇世界史硕士生的开题报告的研究思路,其书写比较规范。

示例2

　　本文主要以美国寻求与苏联环境合作的路径为视角,着力于揭示美国一方在寻求与苏联的环保合作过程中的倡议与实践,洞悉在这一过程中美国外交政策的运用,同时兼顾苏联的态度与反应。研究主要解决以下两个问题:一是美国与苏联由多边到双边的环境合作路径是怎样的?什么因素推动了美苏环境合作路径发生转变?这种路径的转变与美国的外交策略安排存在着怎样的联系?二是细化研究美苏环境双边协定具体达成过程。

4. 研究主要框架与内容

这部分内容实际上就是阐明论文初步的框架结构与各章主要观点。这部分常见问题是很多学生的框架设计缺乏深度的问题意识,大多是背景、过程、意义或评价"三段式",没有体现出章节之间的逻辑性、层次性与问题意识。相关内容可参见第四章"世界史学术论文的格式与规范"的"六、正文"部分。

5. 研究方法

这部分内容主要是阐明论文使用什么样的方法开展研究。历史学论文的研究方法一般包括以下六种。

(1) 考据法:这是历史学研究中最基础的方法,涉及对历史材料的搜集和考证。通过这种方法,研究者能够对史料的真实性和可靠性进行评估。

(2）档案研究法：这是一种常见的历史研究方法，涉及对历史文献、档案资料的搜集、整理和分析，以获取关于过去事件的第一手信息。

（3）口述史学法：这种方法利用现代化的手段，如录音或视频访谈，来收集个人的记忆和见证，作为历史研究的一部分。

（4）实证研究法：历史学家通过对史实的把握、史料的了解和甄别，以及材料的分析，来进行实证研究。这种研究方法强调对事实的客观分析和解释。

（5）比较研究法：通过对不同时间或空间的历史现象进行比较，以发现规律性或特殊性。

（6）跨学科研究法：这种方法涉及运用多个学科的理论、方法和成果来对某一课题进行综合研究。由于现代科学的发展既高度分化又高度综合，跨学科研究法可以帮助研究者从不同角度理解和解释历史现象。

6. 参考文献

参考文献分类与排列规范请参见第四章《世界史学术论文的格式与规范》的"十、参考文献"部分。

二、世界史毕业论文开题报告范本

示例1的这篇世界史硕士毕业论文开题报告写作比较规范，考虑到篇幅，中间省略了"二、基本概念的界定"和"六、参考文献"两部分的内容，可以作为世界史学生开题报告的模板。

示例1

论文题目：英国对华进口配额政策演变研究（1949—1972）

冷战时期英国对中国的贸易管制分为出口与进口两个层面的限制，即不仅包括出口领域的贸易禁运，亦包含进口领域的配额控制。作为冷战时期英国对中国进口管制的基本方式，进口配额控制具体是指英国对中国进口的部分商品施加配额额度限制，英国进口商需在配额额度允许的范围内获批进口许可证后方可进口。1949—1972年，英国对中国的进口配额政策几经变化与调整：1949年新中国成立之后，英国继续实施进口配额放松政策而并未立即作出调整，此后开始进行审查并逐步调整；1959年英国彻底转变放松政策而实施进口配额收紧政策，此后伴随中国方面的反对与中英双方的交涉，英国对配额政策进行了灵活调整与适度放宽；1967年受中英两国政治关系恶化的影响，英国再次收紧配额政策，此后开始实施自由化政策并逐步放宽。英国对中国进口配额政策的多次调整是出于特定现实利益与战略考量的结果，文章主要从冷战时期英国对华贸易管制的视角出发，具体考察1949—1972年英国对中国进口配额政策的演变历程及其背后的战略与利益考量，以展现英国在调整对华贸易政策过程中的"留有余地"与"灵活调整"的高度统筹的现实主义目标及其手段。

一、研究的目的与意义

中英两国经济贸易关系由来已久，在几百年的中英关系发展历程中，始终占据着重要地位。在经历早期与近现代的往来阶段后，伴随1949年中华人民共和国的成立，中英两国经贸关系进入了新的历史发展阶段。然而，形式上的新阶段并不意味着两国经贸关系的实质性发展与突破，相反却存在"人为"的贸易障碍与限制。受冷战格局与东西方两大阵营对立的影响，在经济领域，以美国为首的西方阵营针对苏联共产主义阵营实施多边贸易禁运与管制，特别是对中国实施比苏东国家更为严厉的"中国差别"政策，英国的出口禁运即为西方对华贸易管制体系中的重要组成部分。

除前述为我们所熟知的东西方经济冷战背景下英国对华出口禁运的贸易限制之外，实际上还存在一种英国对华进口管制的贸易限制形式。为便于"二战"时期英国战时经济的管理与维持国际收支平衡，英国于1939年开始对外来的进口商品实施控制，最主要的控制形式是进口配额，其中中国商品亦在受限之列。战时英国的进口控制一直持续到战后，其中进口配额更是逐渐成为英国对华贸易管制的重要形式。换言之，由战时进口控制所延续而来的英国对华进口配额成了横亘在中英两国贸易往来中的另一种"人为"贸易限制，即英国对华经济冷战与贸易管制中的"进口维度"限制。然而,与总体的经济冷战进程与英国对华出口禁运的管制不相同步,英国对华进口配额政策的限制则经历了相对独立的演变历程,且几个不同政策演变阶段背后的战略与利益考量亦有所差异。有鉴于此,文章即在系统梳理1949—1972年英国对华进口配额政策演变的基础之上,具体考察各个演变阶段背后的动因与缘由,并尝试对英国对华进口配额政策相对独立的演变问题作一回答。

迄今为止,在有关英国对华进口配额政策演变的直接研究,抑或涉及此主题的"二战"后初期英国经济史、冷战时期英国对华贸易管制以及中英关系正常化进程的相关研究中,皆未对政策演变过程作一详细梳理。因此,通过系统分析1949—1972年英国对华进口配额政策的演变历程,可以对上述相关领域的研究有所裨益。

英国对华进口配额限制由"二战"时期的进口控制延续而来,此后伴随美苏两极对峙格局的形成与中英两国关系的起伏变化,深深地打上了"冷战"烙印。换言之,英国对华进口配额政策的演变并非是一个单纯的英国经济史抑或经济冷战的问题,其间既有英国国内经济因素的考量,同时亦受到冷战局势与中英两国关系变动的影响,其演变是英国国内经济因素与冷战政治因素两者综合作用的结果。因此,通过梳理1949—1972年英国对华进口配额政策的演变,有助于透视复杂政治与经济因素综合影响下政策的战略与利益考量。

以美国为首的西方阵营不仅仅针对中国,而且亦针对苏联东欧国家实施出口禁运管制,两者对比之下形成了对华管制更为严厉的"中国差别"政策。就英国进口配额限制而言,其亦是如此,并形成了对华进口管制领域的"中国差别"。但与出口禁运的"中国差别"有所不同,伴随英国对华进口配额政策的调整,其几经变化,由起初的自由化差别,到与苏东国家同等程度的管制,再到更为"严厉"的差别,最后复归同等。因此,通过审视英国对中国的进口配额政策变化,并将其与同时期对苏东国家的管制予以对比,有助于更为全面的理解英国对华贸易管制中的"中国差别"及其"进口维度"的内涵。

此外,研究1949—1972年英国对中国的进口配额政策演变亦具有重要的现实意义。近年来,中英两国经贸合作迅速发展,特别是新冠疫情发生以来,两国贸易投资克服了疫情的不利影响,反而实现了逆势增长。截至目前,中国已成为英国最大的进口来源地,英国则是中国在欧洲的第二大直接投资目的地与第二大外资来源地。① 中英两国经贸合作潜力巨大,同时亦需面对疫情与气候变化等全球性挑战,以及中美经贸摩擦所带来的负面影响,两国未来的经贸发展中机遇与挑战并存。关于英国对中国进口配额政策演变及其中国方面应对的研究,可以为两国在未来贸易发展过程中化解摩擦与争端、扩大合作空间提供一定的思路与借鉴。

二、基本概念的阐释与界定

……(略)

三、国内外研究现状

冷战时期的英国对华贸易政策与中英经贸关系是国内外学术界关于经济冷战研究的前沿与热点问题之一,但其对1949—1972年英国对华进口配额政策调整与演变的关注则相对较少,目前尚缺乏系统、清晰、完整的阐释与论述。尽管如此,国内外学术界关于"二战"后英国经济史、中英两国政治与经济关系以及冷战时期东西方贸易管制的研究与探讨,都在不同主题、不同层次和不同程度上涉及1949—1972年英国对华进口配额政策的调整与演变问题,并为深入研究与探讨此问题奠定了坚实的基础。具体而言,以下从英国对华进口配额政策研究、"二战"后初期英国进口控制研究、1967—1972年中英关系正常化研究以及英国对华贸易管制中"中国差别"政策研究四个层面梳理和评述与英国对华进口配额政策相关的研究成果,以便在前人研究基础之上展开论述。

(一)关于英国对华进口配额政策的研究

英国对中国的进口配额政策是冷战时期英国对华贸易管制体系的重要组成部分,其与出口禁运并列成为对华贸易管制的两种主要手段。② 但目前国内外学术界对其研究与关注极为有限,仅有少数论著有所提

---

① 李宁:《中英经贸:逆势增长 互利共赢》,《国际商报》2021年11月3日,第2版。
② 在英国外交部关于中国的FO371档案中,尤其是1959年11月英国将中国由"放松区"划入"东方区"之后,出口禁运与进口配额在部分文件记录中通常一齐提出,并成为中国方面所反对的英国对中英贸易所施加的两种"人为的贸易障碍"(man-made barriers)。

及。其中予以关注并较为系统梳理的学者当数中英关系史研究专家英国约克大学教授大卫·克莱顿(David Clayton)。克莱顿在2000年于《国际历史电子杂志》(Electronic Journal of International History)上发表了《1949—1960年英国对华经济外交政策》①一文,其分析了在华企业投资、对华出口管制与进口管制中英国对华经济决策的制定过程,并将其与英国对中国香港地区的政策予以对比,整理归纳了1949—1960年英国对华经济政策的总体特征与各种影响因素等。其中,在对华进口管制部分,克莱顿利用最新解密的英国贸易委员会档案,较为系统梳理了1949—1960年英国对华进口配额政策的调整与转变过程及其背后的动因和具体实施情况,具有重要的参考价值与启发意义。但令人遗憾的是,受文章论述主题与篇幅的影响和限制,其梳理仅仅是一个粗略的论纲,缺乏以明确问题意识为导向的深入探讨,档案内容亦多以注释形式标注而并未展开详细叙述,且其时间下限至1960年,此后的政策演变历程亦尚未涉及。此外,亦有学者关注到英国对中国进口配额政策的某些具体细节问题。譬如,王泰平②、米查姆(Chad J. Mitcham)③等注意到1959年英国对中国的配额限制逐步收紧,并将中国由"放松区"划入"东方区"的进口配额政策调整,王红续④提及1963年外贸部副部长卢绪章访英时与英国贸易大臣埃儒尔关于配额问题的讨论,罗伯特·博尔曼(Robert Boardman)⑤、潘兴明⑥、王泰平⑦、王为民⑧等注意到1970年年

---

① David Clayton,"British Foreign Economic Policy towards China 1949-60", Electronic Journal of International History, article 6, June 2000, Online. Available: https://sas-space.sas.ac.uk/3393/, pp.1-13.
② 王泰平主编:《中华人民共和国外交史第二卷(1957—1969)》,世界知识出版社1998年版,第391—392页。
③ Chad J. Mitcham, China's Economic Relations with the West and Japan, 1949-79: Grain, Trade and Diplomacy, London: Routledge, 2005, p.38.
④ 王红续:《毛泽东时代的中英经贸关系》,博士学位论文,中共中央党校,1999年,第122—123页。
⑤ Robert Boardman, Britain and the People's Republic of China 1949-1974, London: Macmillan Press, 1976, pp.158-159.
⑥ 萨本仁、潘兴明:《20世纪的中英关系》,上海人民出版社1996年版,第387页。
⑦ 王泰平主编:《中华人民共和国外交史第三卷(1970—1978)》,世界知识出版社1999年版,第306—307页。
⑧ 王为民:《百年中英关系》,世界知识出版社2006年版,第281页。

初英国放宽对中国的配额限制并与苏东国家实施同等管制程度的配额安排等,但上述论著对配额问题皆为简单提及,一笔带过,并未展开具体论述。

除上述英国对中国进口配额政策的宏观研究与零散细节之外,部分学者亦关注到英国对自中国进口的棉纺织品实施配额限制的微观个案。自20世纪50年代初开始,大量棉纺织品涌入英国,严重影响了英国国内棉纺织工业的发展与生存,英国逐步对自国外进口的棉纺织品实施进口控制。其中,对自中国香港地区进口的棉纺织品实施进口控制与配额限制的研究成为国内外学术界研究的热点问题之一。英国学者维诺德·阿加沃尔(Vinod K. Aggarwal)[1]、约翰·辛格尔顿(John Singleton)[2]等从英国国内棉纺织业发展的角度,审视了英国棉纺织品进口控制的实施动因与过程,部分提及对香港的配额限制;大卫·克莱顿[3]则以英国棉纺织市场上的亚洲英联邦国家和地区作为研究对象,梳理了1956—1959年英国的棉纺织业工业家如何与印度、巴基斯坦以及中国香港地区的工业家谈判以达成自动出口限制协议(Voluntary Export Restriction,VER)的过程,其中涉及英国为限制棉纺织品进口与保护商业利益最大化而同印度、巴基斯坦、中国香港地区所展开的不同谈判间的复杂互动关系;甘长术[4]、张作乾[5]、劳伦斯·米尔斯(Lawrence Mills)[6]等以中国香港地区的对外贸易发展作为切入视角,叙述了英国对中国香港地区的进口配额限制的实施过程与进口配额背后英美大国的权力博弈政治。

---

[1] Vinod K. Aggarwal, *Liberal Protectionism: The International Politics of Organised Textile Trade*, Berkeley: California University Press, 1985.
[2] John Singleton, *Lancashire on the Scrapheap: The Cotton Industry, 1945-1970*, Oxford: Oxford University Press, 1991.
[3] David Clayton, "Inter-Asian Competition for the British Market in Cotton Textiles: the Political Economy of Anglo-Asian Cartels, c.1932-60," in A. J. H. Latham and Heita Kawakatsu, eds., *Intra-Asian Trade and Industrialization*, Abingdon: Routledge, 2006, pp.206-228.
[4] 甘长术:《香港对外贸易》,广东人民出版社1990年版,第253—266页。
[5] 张作乾编著:《现代香港对外贸易》,中山大学出版社1988年版,第62—69页;张作乾编著:《香港对外贸易》,中山大学出版社1999年版,第132—140页。
[6] Lawrence Mills, *Protecting Free Trade: The Hong Kong Paradox, 1947-97*, Hong Kong: Hong Kong University Press, 2012, pp.99-104.

另外,亦有学者关注到英国对中国台湾地区的棉纺织品进口所施加的配额限制。宋良①利用英国外交部与台湾地区"中央研究院"近代史研究所档案馆的档案,较为系统地梳理了1960—1962年英国和中国台间棉纺织品贸易的发展。面对台湾棉纺织品的大量涌入,英国于1961年与1962年两次对台棉纺织品输入施加配额限制并逐步扩大,以保护英国国内棉纺织业的稳定发展,在此前对日本与中国大陆实施配额限制和与中国香港地区、印度、巴基斯坦谈判而三者自愿实施棉纺织品进口限制的情况下,英国此举合乎情理,凸显了英国和中国台湾地区棉纺织品贸易发展中的多方互动性与复杂性。

综上所述,国内外学术界关于英国对中国进口配额政策的关注,多集中在英国对香港、台湾棉纺织品进口配额限制的个案层面,以及中英经贸关系宏观叙述中的具体细节问题,并未从整体与宏观层面系统考察英国对中国(大陆)进口配额政策的演变状况。

(二) 关于"二战"后初期英国进口控制的研究

"二战"时期,为便于战时英国经济的管理,英国方面开始实施进口控制政策,战争结束之后,进口控制并未立即取消,而是伴随其间的进口自由化过程一直延续到1960年左右。"二战"后初期所延续的英国进口控制体系与英国对中国进口配额政策的缘起及规定密切相关,因此有必要对战后初期英国进口控制的研究状况作一简要梳理。

伴随战争的结束与战后英国"重建"的开启,延续到战后初期的进口控制亦继续发挥着其作用。最先关注战后初期英国进口控制作用的学者是W.F.克里克(W.F. Crick)②。1951年,就职于伦敦米德兰银行的克里克专门阐述了其对1945至1950年英国战后经济政策发展的远见,英国为致力于实现重建战前经济的目标,采取了以社会化(Socialization)、均衡化(Equalization)和重建化(Reconstruction)为核心的行动路线,其中政府所实施的进口控制是均衡化行动的主要手段之一,其在建立战后

---

① 宋良、宋楠:《试论1960至1962年间英国与台湾地区的棉纺织品贸易》,《大连大学学报》2019年第2期,第23—27页。

② W.F. Crick, "Britain's Post-War Economic Policy, 1945 - 50," *The Canadian Journal of Economics and Political Science*, vol.17, no.1 (Feb.1951), pp.39 - 49.

英国国际收支的新平衡中发挥了重要作用。但囿于其论述的重点在国内经济政策,克里克仅仅是注意到实施进口控制的作用,而并未展开论述。

此后,A.M.莱森(A.M. Leyshon)[①]于1957年发表了《战后英国的进口限制》一文,较为系统梳理了"二战"后英国进口控制及其自由化的实施历程。莱森首先简要回顾了战时进口控制的基本情况与规定,并指出受1945—1946年英国国际收支恶化等多种因素的影响,英国战时的进口控制一直延续到战后和平时期,此后在经历英国同其他国家协商的双边主义高潮之后,英国开始了其最初的贸易自由化进程,但受1951年外汇储备锐减与国际收支失衡的影响,自由化进程被迫中止,直至1952年底外汇储备压力缓解后,才得以继续并逐步提升自由化比例。受制于当时条件的限制,莱森一文虽并未利用档案资料予以梳理,但其对基本脉络的分析与把握,仍具有重要的参考价值与意义。

继莱森之后,W.M.科登(W.M. Corden)[②]与M.F.W.海明(M.F.W. Hemming)[③]等人则从计量经济学的角度出发,通过数据统计分析的形式对战后初期英国进口控制的基本情况与影响作了实证研究。科登以1951—1952年英国进口限制的加强与自由化的中止作为研究的案例对象,其以来自贸易委员会的英国进口统计数据为基础,运用实证量化分析的方法,系统研究了1951—1952年英国的进口限制对实际英国进口的直接影响,包括其影响的程度、大小与速度,以及对投资、储蓄在内的进口转移支出的间接影响等。海明等人则对"二战"以来英国进口控制的程度与范围进行了定量分析与统计总结,其以货币地区、主要商品类别作为依据而划分了进口控制的基本形式与内容,同时着重分析了其中政府进口、私人限制进口和私人非限制进口三种类别进口中的不同歧视程

---

① A.M. Leyshon, "Import Restrictions in Post-war Britain," *Scottish Journal of Political Economy*, vol.4, no.3 (Oct.1957), pp.177-193.
② M. Corden, "The Control of Imports: A Case Study, The United Kingdom Import Restrictions of 1951-2," *The Manchester School*, vol.26, no.3 (Sep.1958), pp.181-221.
③ M.F.W. Hemming, C.M. Miles and G.F. Ray, "*A Statistical Summary of the Extent of Import Control in the United Kingdom Since the War*," The Review of Economic Studies, vol.26, no.2 (Feb.1959), pp.75-109.

度,并以此得出进口控制与歧视的程度和进口数量与来源之间存在某种松散的关联,但尽管如此,战后英国不同部门与不同阶段的进口管制的程度和范围仅仅是对英国进口实际水平或来源的一种影响,而绝非主要影响。科登与海明等人的研究虽并非历史学的实证研究,但其仍具有重要的参考价值,特别是两篇文章中对英国进口控制中许可证种类与货币区域划分的叙述,提供了不可或缺的背景知识补充。

进入六七十年代,亦有学者陆陆续续关注战后初期英国的进口控制问题,且其侧重点各有差异与不同。德里克·阿尔德克罗夫特(Derek H. Aldcroft)①审视了1946—1950年英国各种直接进口控制的影响,包括劳动力、原材料控制以及进口控制,并着重叙述了进口控制的发展历程、效果以及其对英国国际收支的影响等。W.坦西(W. Tansey)②则专门以黄油作为研究对象,论述了英国对黄油的进口控制与配额制度的实施情况以及其控制成效。F.克里普斯(F. Cripps)等③则将英国的进口控制放到英国国内外经济发展的宏观背景下予以审视,其审慎恰当的政策选择具有重要的国内效应与国际影响,并指出英国的进口控制实际上作为一种充分就业与扩大世界贸易的手段而发挥了重要作用,其以英国进口控制的具体案例研究驳斥了进口控制"损人害己"的论点。此外,亦有学者从战后英国宏观经济管理的视角审视英国的进口控制问题,代表性的作品当属J.C.R.道(J.C.R. Dow)④的《1945—1960年的战后英国经济管理》一书。道曾就职于英国国家经济和社会研究所,并参与到战后英国经济政策的制定与规划之中,对战后英国经济的发展深谙于心,其所著《1945—1960年的战后英国经济管理》一书也由此成为战后英国经济史的经典著作。此书将英国战后的经济政策分析与对基本经济表现的评估相结合,

---

① Derek H. Aldcroft, "The Effectiveness of Direct Controls in the British Economy, 1946 - 1950," *Scottish Journal of Political Economy*, vol.10, no.2 (Jun.1963), pp.226 - 242.

② W. Tansey. "British import controls and world trade in butter," *Journal of Agricultural Economics*, vol.18, no.2 (May.1967), pp.257 - 269.

③ F. Cripps and W. Godley, "Control of Imports as a Means to Full Employment and the Expansion of World Trade: The UK's Case," *Cambridge Journal of Economics*, vol.2, no.3 (Sep.1978), pp.327 - 334.

④ J.C.R. Dow, *The Management of the British Economy*, 1945 - 60, Cambridge: Cambridge University Press, 1970.

其中指出进口控制在战后相当长的一段时间内作为重要的政策工具之一,在维持英国国际收支平衡与保护英国弱势产业发展等方面发挥了重要作用,其对英国进口控制政策的实施及其成效作出了恰如其分的评价,并影响了后续战后英国经济史中关于进口控制政策的定位与书写模式。

  自20世纪八九十年代以来,伴随部分档案资料的解密与研究视角的转变,关于战后初期英国进口控制问题的研究进一步深化。一是进口控制在战后初期英国与西欧经济重建过程中所发挥作用的细化研究。艾伦·米尔沃德(Alan S. Milward)[1]将英国的进口控制放到1945至1951年战后西欧重建的背景下予以审视,特别是在第13章专门叙述了英国的进口自由化计划在整个欧洲经合组织中的主导作用以及在此过程中与西德、法国的谈判与博弈。与米尔沃德关注西欧经济重建的宏大视角不同,亚历克·凯恩克罗斯(Alec Cairncross)[2]则聚焦于1945—1951年英国的战后重建情况,其在第12章直接控制中专门探讨了进口控制的实施情况以及其在战后英国经济重建中的重要作用。二是关于英国对英镑区进口控制个案研究的深入。现为牛津大学历史系教授的凯瑟琳·露丝·申克(Catherine Ruth Schenk)于1994年出版的《英国与英镑区:20世纪50年代由货币贬值到货币兑换》[3]一书,堪称战后初期英国与英镑区经济关系研究的经典著作。此书是作者在其博士论文基础之上修改出版之作,其中第三章专门叙述了战后初期英国与英镑区之间的贸易体系与模式,包括英联邦的帝国特惠制与进口数量限制之间的矛盾、1949—1952年进口数量限制的实施、1953—1955年间歧视的放宽、1956—1958年英镑区贸易政策的调整与转变等。三是关于战后初期英国进口控制问题的宏观专题性研究。其代表性作品当属艾伦·米尔沃

---

[1] Alan S. Milward, *The Reconstruction of Western Europe, 1945 - 51*, London: Routledge, 1984.
[2] Alec Cairncross, *Years of Recovery: British Economic Policy, 1945 - 51*, New York: Methuen, 1985.
[3] Catherine Ruth Schenk, *Britain and the Sterling Area: From Devaluation to Convertibility in the 1950s*, London: Routledge, 1994.

德与乔治·布伦南(George Brennan)合著的《英国在世界上的位置：1945—1960年进口控制的历史调查》①。此书以扎实的档案材料为基础，利用了包括英国贸易委员会、财政部、内阁文件以及欧洲经合组织文件在内的众多档案文献，对1945—1960年进口控制的建立实施过程及其有效性问题进行了全面系统的论述，特别是将以往研究中所忽视的进口配额置于战后初期英国经济史的中心地位予以叙述，通过对汽车工业、化学原料以及食品等各种行业中配额控制对实际进口商品阻碍的统计数据研究，作者得出进口配额对贸易的数量限制在战后英国经济的重建以及消除国际收支赤字方面发挥了至关重要的作用，但由于此后英国的进口贸易自由化进程加快而一度放弃了进口配额的数量控制，最终致使英国经济付出了惨重的代价。

通过对上述战后初期英国进口控制研究的大致梳理，其研究情况大致经历了由以往经济学角度的审视，到档案资料利用基础上历史学纵深叙述的深化；由宏观方面关注进口控制的实施历程与作用，到关注具体的进口控制细节，如对英镑区进口控制的实施等。但显而易见的是，上述研究中对中国的进口控制关注较少，鲜有讨论与提及。究其原因，战后初期中英两国贸易量所占英国对外贸易总额的比例极小，遑论英国自中国的进口比例，而以往相关研究多从英国经济史与经济政策的角度来审视战后初期英国进口控制的实施历程，其间即便是英国对自中国的进口全部限制，亦不足以影响英国基本的对外进口结构与布局。换言之，在战后英国经济史的视角下审视英国对中国的进口限制，难以凸显其研究的价值与意义。但如果将视角转换与视野扩大，将英国对中国的进口控制置于东西方经济冷战、英国对华贸易管制以及中英关系史的大背景下予以考量，其实施、调整与变化则具有了冷战色彩与政治含义，而非是一种简单的经济政策与行为，故在英国对华贸易管制的经济冷战背景下审视英国对中国进口控制的实施与演变历程尤为必要。

---

① Alan S. Milward and George Brennan, *Britain's Place in the World: A Historical Enquiry into Import Controls*, 1945-60, London: Routledge, 1996.

(三) 关于1967—1972年中英关系正常化研究

自1950年起中英两国就建立正式外交关系开始谈判,至1972年最终正式建立起大使级外交关系,其间历时22年之久,才得以完全建交与实现关系正常化。中英两国漫长的关系正常化进程大致可以分为三个阶段:第一阶段是1950年1月,英国正式承认新中国,随后两国开始谈判建交,因英方缺乏诚意与后来朝鲜战争的爆发而暂且搁置;第二阶段是1954年中英双方利用第一次日内瓦会议召开的契机,进行接触谈判,并建立起互换代办的半外交关系;第三阶段是由于中国台湾问题与联合国代表权问题,中英两国关系在互换代办后一直停滞不前,并于1967年降至冰点,此后伴随关系缓和与建交谈判的突破进展,最终于1972年建立大使级外交关系,实现关系正常化。[①] 英国对中国进口配额政策的后期演变与中英关系正常化进程中的第三个阶段存在关联,特别是与1967—1972年中英关系的恶化、缓和与最终建交密切相关,因此有必要对国内外学术界关于此阶段中英关系正常化的研究作一梳理与评述。[②]

1972年中英两国实现关系正常化后不久,英国学者罗伯特·博尔曼(Robert Boardman)[③]与杰格迪什(Jagdish P. Jain)[④]分别于1976年出版了关于英国与新中国关系的通史性著作。博尔曼一书主要利用当时英国主流报刊的报道与议会辩论记录,叙述了1966—1974年中英两国关系

---

① 参见潘琪:《中英建交谈判的长期复杂历程》,《外交学院学报》1992年第3期,第13—18页;潘琪:《中英建交谈判的长期复杂历程》,外交部外交史研究室编:《新中国外交风云(第3辑)》,世界知识出版社1994年版,第143—155页;谭兴举:《漫长的中英建交谈判》,刘新生主编:《新中国建交谈判实录》,上海辞书出版社2011年版,第127—135页。

② 因英国对华进口配额政策的演变与1967—1972年中英两国关系变化和正常化进程密切相关,故本部分综述主要围绕此阶段展开,第一与第二阶段的正常化进程在此不赘述,相关代表性研究可参见:Wenguang Shao, *China, Britain and Businessmen: Political and Commercial Relations, 1949-1957*, London: Macmillan, 1991; James T.H. Tang, *Britain's Encounter with Revolutionary China 1949-1954*, London: St. Martin's Press, 1992; David Clayton, *Imperialism Revisited: Political and Economic Relations between Britain and China, 1950-54*, New York: Palgrave Macmillan, 1997; Qiang Zhai, *The Dragon, the Lion and the Eagle Chinese-British-Ameican Relations, 1949-1958*, Kent OH: The Kent State University Press, 1994;徐友珍:《走向半外交关系:1950—1954年的中英建交谈判》,《史学集刊》2013年第5期,第85—94页;徐友珍:《走向代办级关系:1950—1954年的中英建交谈判》,《近现代国际关系史研究》2014年第1期,第85—107页。

③ Robert Boardman, *Britain and the People's Republic of China, 1949-1974*, London: Macmillan Press, 1976.

④ Jagdish P. Jain, *China in World Politics: A Study of Sino-British Relations, 1949-1975*, New Delhi: Radiant Publishers Press, 1976.

恶化、缓和以及伴随关系正常化后两国经济和文化关系发展的全过程，包括中英双方"人质"的交涉与释放经过、阻碍中英建交的联合国代表权问题与台湾的法律地位问题，以及中英关系正常化的动因等。此书虽并未利用原始档案资料，但其由时人"亲历者"的视角出发，叙述较为详尽而清晰，并为后续研究者多次引用和参考，具有重要的价值与意义。杰格迪什一书则将新中国放到世界政治发展进程中予以审视，叙述了影响中英关系发展的各种双边与多边问题，特别是详细分析了台湾、香港等问题与中英关系正常化进程的双向互动与塑造等。

  此后，特别是90年代以来，中国方面曾经历过中英建交的老一辈外交家，以及部分学者开始对中英关系正常化的历程进行回顾、分析与探讨。中英建交的亲历者暨驻英代办处工作人员潘瑾①、中国外交部离休干部翁明②以及中国驻乌干达前大使谭兴举③等皆曾专门撰文回顾中英两国漫长而复杂的建交谈判历程，三者皆较为全面与系统地总结了建交谈判各个阶段的障碍症结及双方谈判互动予以突破的过程，回顾了由英国承认新中国到两国半外交关系直至全面外交关系的建立历程，展现了中英建交谈判中老一辈外交家的外交智慧与气魄。学者潘兴明④亦分析考察了中英关系各阶段停滞不前与取得突破进展的历程和原因，并将之归为英国将英美特殊关系置于政策首要地位与中英双方审时度势的现实主义外交政策综合作用的结果。同时，国内学术界陆续出版的众多关于中英关系史与中国外交史的通史著作中，亦对中英关系正常化的进程予以梳理与分析，包括朱宗玉等所著的《从香港割让到女王访华——中英关系1840—1986》⑤、王红续所著的《七十年代以来的中英关系》⑥、萨

---

① 潘瑾：《中英建交谈判的长期复杂历程》，《外交学院学报》1992年第3期，第13—18页；潘瑾：《中英建交谈判的长期复杂历程》，外交部外交史研究室编：《新中国外交风云（第3辑）》，世界知识出版社1994年版，第143—155页。
② 翁明：《中英建交谈判的漫长复杂历程》，《外交学院学报》2003年第3期，第58—63页。
③ 谭兴举：《漫长的中英建交谈判》，刘新生主编：《新中国建交谈判实录》，上海辞书出版社2011年版，第127—135页。
④ 潘兴明：《试析中英两国关系正常化问题》，《世界历史》1998年第1期，第4—12页。
⑤ 朱宗玉、杨元华等：《从香港割让到女王访华——中英关系1840—1986》，福建人民出版社1992年版，第216—224页。
⑥ 王红续：《七十年代以来的中英关系》，黑龙江教育出版社1996年版，第61—66页。

本仁与潘兴明合撰的《20世纪的中英关系》①、王泰平主编的《中华人民共和国外交史第二卷(1957—1969)》②与《中华人民共和国外交史第三卷(1970—1978)》③以及王为民主编的《百年中英关系》④等。上述研究主要以中国视角审视中英关系正常化的进程,展现了两国建交谈判的互动博弈过程与关系正常化的动因,以及中方的观点立场与外交家的智慧等。但受制于档案资料的限制,上述论著主要从宏观层面予以考察,或以当事人回忆的形式,或利用报刊、议会辩论记录及二手著述,关注其中宏大的政治博弈与较量,进一步的研究与分析则有待深化,特别是对具体细节间互动的探讨明显不够,如中英两国"扣押人质"问题的解决过程、中美关系缓和如何具体塑造与影响了中英两国的谈判建交进程等。

21世纪以来,伴随英美方面档案资料的解密与开放,关于1967—1972年中英关系正常化的研究进一步深化与拓展,视角亦更为丰富与多样,特别是在中英"人质外交"和中美缓和与中英建交谈判关联等问题上,英语学术界出现了较多基于最新解密档案研究的新成果与新观点。目前对中英"人质外交"问题进行较为系统研究与梳理的学者是马克·志宽(Chi-Kwan Mark)。⑤ 1967年受中英两国关系恶化的影响,中英双方分别"扣留"外交人员作为"人质",两国的"人质外交"就此展开,此后在关系有所缓和的情况下,两国围绕外交官的签证与英国路透社记者安东尼·格雷(Anthony Grey)的释放问题展开了一系列的谈判与交涉,英国政府通过"沉默外交"(quiet diplomacy)而非极端的外交报复手段,以一步一步(step-by-step)的谈判方式,最终获释了其全部被"扣留"人员,成功化解了两国间的"人质危机"。马克利用英国外交部的解密档案与中国方面公开出版的领导人年谱和文集等,从中英两国互动的视角,全

---

① 萨本仁、潘兴明:《20世纪的中英关系》,上海人民出版社1996年版,第377—388页。
② 王泰平主编:《中华人民共和国外交史第二卷(1957—1969)》,世界知识出版社1998年版,第393—394页。
③ 王泰平主编:《中华人民共和国外交史第三卷(1970—1978)》,世界知识出版社1999年版,第300—303页。
④ 王为民:《百年中英关系》,世界知识出版社2006年版,第262—277页。
⑤ Chi-kwan Mark, "Hostage Diplomacy: Britain, China, and the Politics of Negotiation, 1967-1969," *Diplomacy & Statecraft*, vol.20, no.3 (Nov.2009), pp.473-493.

面梳理了1967—1969年两国"人质外交"的博弈过程,展现了在应对外交危机时中英两国当事人高超灵活的外交技艺与审慎的外交智慧。此外,詹姆斯·费洛斯(James Fellows)①与雷耶普(Ray Yep)②亦从香港自治与法治的角度审视了中英"人质外交"的影响,费洛斯以1967—1969年路透社记者安东尼·格雷的"监禁"作为个案探讨,指出当香港的自治政策与英国对华外交政策的目标相冲突时,其自治便会受到损害;雷耶普则从另一层面指出,考虑到中英关系正常化的目标,英国方面多次向港英当局施压以尽快释放"扣押"人员,政治上的权宜之计最终"压倒"了英国方面对香港自治与法治的尊重。

另外,在有关中美缓和如何影响与塑造中英建交谈判进程问题的研究中,亦出现了一系列的新成果。2001年,维克多·S.考夫曼(Victor S. Kaufman)在其有关英美对华政策比较研究的书中,曾专章叙述1969—1972年"改变世界的一周"(The Week That Changed the World)③中英美两国对中国的政策变化,其虽注意到英国在中美关系缓和中所发挥的有限作用,以及尼克松访华对中英建交谈判的影响与塑造等,但其侧重点在美国方面的对华政策,且使用多为报刊与二手文献资料,并未对此问题展开深入叙述。此后,英国外交与联邦事务部官员K.A.汉密尔顿(K.A. Hamilton)④利用最新解密的英国外交部档案与内阁档案,对此问题展开了进一步的论述。英国方面虽赞同中美缓和,但其对尼克松与基辛格缓和外交的秘密方式感到不满,由于英国对中美缓和进程知之甚少,这阻碍了英国关于中英关系正常化谈判的进一步开展,并削弱了其在联合国代表权问题与中国台湾问题上的谈判地位,体现了英美两国由

---

① James Fellows, "Colonial autonomy and Cold War diplomacy: Hong Kong and the case of Anthony Grey, 1967-9," *Historical Research*, vol.89, no.245 (Aug.2016), pp.567-587.

② Ray Yep. "'Cultural Revolution in Hong Kong': Emergency Powers, Administration of Justice and the Turbulent Year of 1967," *Modern Asian Studies*, vol.46, no.4 (Jun.2012), pp.1007-1032.

③ Victor S. Kaufman, *Confronting Communism: U.S. and British Policies toward China*, Columbia: University of Missouri Press, 2001, pp.211-233.

④ K.A. Hamilton, "A 'Week that Changed the World': Britain and Nixon's China Visit of 21-28 February 1972," *Diplomacy & Statecraft*, vol.15, no.1 (Aug.2010), pp.117-135.

特殊关系到自然关系的一种形式上的"疏离"。安德鲁·斯科特（Andrew Scott）①亦利用英国外交部、内阁以及首相档案等，论述了尼克松访华的"第一次尼克松冲击"（The first Nixon shock）对中英建交谈判的阻碍作用以及英国的不满与批评。汉密尔顿与斯科特虽然利用了英美方面的原始档案资料，但其主要是从英美关系的视角审视中美缓和对中英建交谈判的影响，着眼点在于论述英国对"尼克松冲击"的不满与批评以及此时期英美关系的阶段性变化，而并未具体阐释中美缓和到底如何影响与塑造了中英建交谈判的历程。

2015年，专攻冷战时期中英关系史的著名学者马克·志宽专门撰文探讨了中英建交谈判与中美缓和之间的复杂联系。②马克利用英美方面的档案资料与中国方面公开出版的著作，通过将英美关系与中英关系两种双边关系予以对比的方式，对中英谈判的复杂曲折过程与中美缓和如何影响中英建交谈判的进程展开了具体论述，包括美国方面致使英国多次同意推迟在联合国代表权问题上投票支持中国的决定、基辛格秘密访华对中英两国关于中国台湾问题谈判进程的根本影响、英美百慕大会晤所商定的待尼克松访华结束后英国方面才可采取促进中英关系正常化的进一步行动等。美国海军战争学院研究员理查德·莫斯（Richard A. Moss）③曾就职于美国国务院历史学家办公室，其主要利用尼克松政府时期的解密数字录音带作为支撑材料，另辟蹊径，从跨大西洋伙伴关系的角度审视中美缓和与中英谈判之间的密切关联，从另一个侧面证明了美国方面的秘密外交对英美关系的影响与中美缓和对中英谈判进程的具体塑造，中美开放（the Sino-US opening）是美国与英国等盟友跨大西洋伙伴关系重新平衡发展的一个新阶段。

值得一提的是，2017年，马克·志宽出版了其研究中英冷战的最新

---

① Andrew Scott, *Allies Apart: Heath, Nixon and the Anglo-American Relationship*, London: Springer, 2011, pp.51-69.
② Chi-Kwan Mark, "Waiting for the Dust to Settle: Anglo-Chinese Normalization and Nixon's Historic Trip to China, 1971-1972," *Diplomatic History*, vol.39, no.5 (Nov.2015), pp.876-903.
③ Richard A. Moss, "Transatlantic relations and the Sino-US opening," *Journal of Transatlantic Studies*, vol.18, no.1 (Mar.2020), pp.59-79.

力作——《日常冷战:1950—1972年的英国与中国》①,此书借鉴"日常生活"(everyday life)的概念,提出了解释冷战时期中英关系的一个新概念,即"日常冷战"(The Everyday Cold War),其具体是指"冷战时期中英两国关系正常化进程中冲突的常态化与稳定化。中英间的日常冷战并不是通过军事手段,而是以谈判的方式进行。谈判不仅包括正式的面对面谈判,还包括通过外交仪式、宣传辞令和象征性姿态进行的非正式争论和斗争"②。在此书的第五章与第六章,马克进一步分析了中英"人质外交"问题与两国的建交谈判历程,并指出英国通过灵活应对"日常冷战"的外交与谈判的方式,在"人质外交"与中英关系正常化中实现了其自身的政治与经济利益最大化。

综上所述,近年来关于1967—1972年中英关系正常化相关问题的研究利用了最新的双边或多边档案资料,方法与视角亦有所更新与转变,由原来的单纯的英方或中方视角,转变为双边关系比较视角、跨大西洋视角以及法治视角等,具体细节的叙述与分析亦进一步详尽,但较为清晰的是,国内外学术界关于此阶段中英关系正常化的研究,整体上侧重关系演变历程、谈判具体进程与外部因素影响等政治层面的探讨,而对关系正常化进程中的国内经济政策与因素关注较少。事实上,英国对中国的进口配额政策在中英关系发展进程中发挥了一种"表征"的作用,伴随两国关系的恶化、缓和与调整,进口配额政策亦有所变化,并在某种程度上促进了中英关系的正常化。

(四)关于英国对华贸易管制的"中国差别"政策研究

第二次世界大战结束之后,美苏两国逐渐由战时盟友关系转向敌对与抗衡,随着美苏两极对峙格局的渐趋形成,以美国为首的西方阵营针对苏联共产主义阵营的多边贸易禁运与管制体系亦开始成型。1949年11月,美国及其欧洲盟国成立了在经济上遏制苏东国家的秘密组织——

---

① Chi-kwan Mark, *The Everyday Cold War: Britain and China*, 1950－1972, London: Bloomsbury, 2017.
② Chi-kwan Mark, *The Everyday Cold War: Britain and China*, 1950－1972, London: Bloomsbury, 2017, pp.1－2.

巴黎统筹委员会（Coordinating Committee for Export Control to Communist Area，简称"巴统"，英文缩写为"COCOM"），而自1950年朝鲜战争爆发与中国人民志愿军入朝作战后，巴统成员国则协商于1952年9月成立了专门针对中国禁运与贸易管制的"中国委员会"（China Committee，英文缩写为"CHINCOM"），与巴统对苏东国家的贸易管制相比，"中国委员会"对中国禁运与管制的物资数量更多，亦更为严格，此种苏东国家与中国禁运的对比差别，称之为"中国差别"（China Differential）。[1] 作为巴统的重要成员国，英国亦跟随美国实施更为严厉的对华禁运政策，但此后英美两国在对华禁运问题上的分歧与矛盾日益加剧，英国最终在1957年5月单方面废除了"中国差别"。

西方对华贸易管制的"中国差别"问题是东西方经济冷战中的研究热点之一，而英国作为西方对华实施禁运与贸易管制的巴统重要成员国，其对待"中国差别"的特殊政策更是受到诸多关注。"中国差别"政策的演变及至最后的废除堪称英国对华贸易管制研究的核心问题之一，其与英国对中国的进口配额政策演变进程间亦存在对比关联，故在此有必要对英国对华贸易管制中"中国差别"的研究状况作一介绍。

探讨与分析有关英国对华贸易管制中"中国差别"的研究现状，首先需从宏观上对英国对华贸易管制的整体研究脉络作一简单梳理。自20世纪60年代以来，学术界关于英国对华贸易管制的研究主要围绕着对经济冷战的关注而展开。1968年，瑞典学者冈纳尔·阿德勒-卡尔逊（Gunnar Adler-Karlsson）的《1947—1967年的西方经济战：一项对外经济政策的案例研究》[2]一书开创了经济遏制政策研究领域的先河。此书主要考察了以美国为首的西方国家如何在巴统组织框架内利用出口禁运的贸易管制方式，对苏联社会主义阵营展开经济战，其间简单涉及英国在巴统中对华实施禁运管制政策的由来与形成。值得一提的是，同时

---

[1] 参见崔丕：《艾森豪威尔政府的东西方贸易管制政策》，《东北师大学报》1999年第2期，第31—42页；崔丕：《美国的冷战战略与巴黎统筹委员会、中国委员会(1945—1994)》，中华书局2005年版，第305—306页。

[2] Gunnar Adler-Karlsson, *Western Economic Warfare, 1947-1967: A Case Study in Foreign Economic Policy*, Stockholm: Almquivst and Wiksell, 1968.

期研究中英关系的著作亦对英国对华贸易政策与两国间的贸易关系有所论及。如埃文·卢亚德(Evan Luard)的《英国与中国》①、布瑞恩·波特(Brian Porter)的《英国和共产主义中国的崛起：1945—1954年的英国态度研究》②以及罗伯特·博尔曼(Robert Boardman)的《1949—1974年的英国与中华人民共和国》③等，皆对不同阶段中英关系的演变与重大事件作了系统梳理，但其论述的重点在两国间政治关系的变化，虽提及英国对中国的贸易管制政策，但并未详细论述与分析，亦缺乏原始档案资料的支撑。总体而言，六七十年代国外学术界关于英国对华贸易管制政策的研究还较为薄弱，尚处于起步阶段。

20世纪80年代以来，伴随美国方面对外关系文件集、国家安全委员会文件以及英国外交部文件等原始档案文献的相继解密，关于经济冷战的研究日益多样，亦进一步涉及英国对华贸易管制政策的研究。其中，最具代表性的当属美国佐治亚大学国际事务教授格雷里·伯奇(Grary Bertsch)于80年代所出版的三本著作，其分别从巴统与大西洋联盟④、技术转让⑤以及国家安全与技术转让间关系⑥的不同视角与层面，对东西方贸易管制的起源及发展历程进行了探讨，特别是对美国及其巴统盟国在控制技术出口与转让的决策制定和实施过程方面做了详尽分析与阐述，同时将美国与英国、法国的政策进行对比分析，其间亦涉及英国对华贸易管制的实施缘起与历程，以及英国"中国差别"政策的形成等。由于此时期的解密档案多为美国档案，研究的关注点亦多集中在美国对华贸易禁运政策的起源与发展历程方面，虽然对英国对华贸易管制中的"中国差别"有所关注，但并未展开深入叙述，对英国后续废除"中国差别"与缓

---

① Evan Luard, *Britain and China*, London: Chatto and Windus, 1962.
② Brian Porter, *Britain and the Rise of Communist China: A Study of British Attitudes, 1945-1954*, London, New York, Toronto: Oxford University Press, 1967.
③ Robert Boardman, *Britain and the People's Republic of China, 1949-1974*, London: Macmillan Press, 1976.
④ Gary Bertsch, *East-West Strategic Trade: COCOM and the Atlantic Alliance*, Paris: Atlantic Institute for international affairs, 1983.
⑤ Gary Bertsch, *National Security and Technology Transfer: the Strategic Dimensions of East-West Trade*, Boulder: Westview Press, 1983.
⑥ Gary Bertsch, *Controlling East-West Trade and Technology Transfer: Power, Politics, and Policies*, North Carolina: Duke University Press, 1988.

和对华禁运的过程亦尚未涉及。

90年代以来,经济冷战的研究视角更加丰富多样,英国对华贸易管制政策的研究亦得到越来越多的关注,特别是关于"中国差别"的研究出现了重大进展。1991年,中国旅英学者邵文光(Wenguang Shao)的《中国、英国和商人:1949—1957年的政治与商业关系》①一书正式出版,此书详细论述了1949—1957年中英两国双边政治与经贸关系的发展与突破,其中第六章对朝鲜战争之后美英两国在"中国差别"政策上的分歧以及英国单方面废止"中国差别"有所提及与论述。此后,袁景东(Jing-dong Yuan)在其博士论文《美国、巴统与中国差别:1949—1994年西方出口管制政策的制定》②中专门论述了美国与其西方盟国对待"中国差别"政策的问题。作者以英美方面的解密档案文献以及中国方面的公开出版物与二手论著作为史料基础,特别是利用了英国方面关于中英贸易委员会、48家集团以及香港银行集团方面的相关档案,其在第五章中叙述了1949—1957年英国对待"中国差别"态度的渐趋变化以及英美间的分歧,并对英国政策变化与最后单方面废除"中国差别"背后的动因进行了详细分析。值得一提的是,作者在第六章中亦论述了1979—1989年"第二次中国差别"(The Second China Differential)的变化,即在1979年苏联入侵阿富汗后,以美国为首的西方国家开始对苏联实施比中国更为严厉的另一种"中国差别"的经济制裁。

新世纪以来,伴随"冷战史新研究"(The New Cold War History)的兴起与迅速发展,关于经济冷战与英国对华贸易管制政策的研究亦进一步深化,越来越多的学者将其关注点聚焦于英美两国在对华经济制裁与"中国差别"问题上的合作与分歧。2001年,有关经济冷战的三本著作相继出版,分别从不同的视角与层面展开了论述。中国旅美学者张曙光

---

① Wenguang Shao, *China, Britain and Businessmen: Political and Commercial Relations, 1949–1957*, London: Macmillan, 1991.
② Jing-dong Yuan, *The United States, COCOM, and the China Differential: the Making of Western Export-Control Policies, 1949–1994*, Doctoral thesis, Queen's University, 1994.

(Shuguang Zhang)的《经济冷战:美国对华禁运和中苏同盟》①一书,将美国对华禁运与中苏同盟关系相结合展开分析,开创了经济冷战研究的新视角,其中第七章专门对 1956 至 1959 年美国与其巴统盟国尤其是英国在对华禁运上的分歧和冲突作了详尽论述。维克多·S.考夫曼(Victor S. Kaufman)的《对抗共产主义:美国和英国的对华政策》②一书则从英美对华政策比较研究的角度切入,分别对各个阶段与时期美英两国在对华外交上的合作与分歧进行了分析,其中在对华贸易管制问题上的分歧与冲突是其论述的重要组成部分之一。三本著作当中论述最为深入的当属伊恩·杰克逊(Ian Jackson)的《经济冷战:1948—1963 年的美国、英国和东西方贸易》③一书,此书从东西方贸易与经济冷战的角度出发,专门论述了 1948—1963 年英美两国在对华贸易禁运政策出台与实施过程中的合作、分歧以及协商,其中第八章与第九章叙述了英国在单方面废除"中国差别"过程中与美国的协商博弈与其背后的动因考量等。2007 年,弗兰克·克林(Frank M. Cain)的著作《冷战时期的经济战:欧洲对美国贸易禁运的反应》④则另辟蹊径,从英法等欧洲盟国对美国强化对华贸易禁运的反应与对策的视角切入,叙述了英国与美国在对华贸易管制分歧上的具体内容,包括缓和对华禁运、废除"中国差别",以及两国如何协商处理分歧的问题等。此外,值得一提的是,美国新锐学者杰森·凯利(Jason M. Kelly)于 2021 年出版的新书《毛泽东时代的国际贸易:中国资本主义腾飞的起源》⑤,综合利用中美英三方的档案资料及二手文献,考察了中国与资本主义国家贸易的缘起与发展,其中第五章部分论述了中国对英国单方面废除"中国差别"历程的关注,以及废除"中

---

① Shuguang Zhang, *Economic Cold War: America' Embargo against China and the Sino-Soviet Alliance*, 1949 - 1963, California: Stanford University Press, 2001.
② Victor S. Kaufman, *Confronting Communism: U.S. and British Policies toward China*, Columbia: University of Missouri Press, 2001.
③ Ian Jackson, *The Economic Cold War: America, Britain and East-West Trade*, 1948 - 63, New York: Palgrave Macmillan, 2001.
④ Frank M. Cain, *Economic Statecraft during the Cold War: European Responses to the US Trade Embargo*, London and New York: Routledge, 2007.
⑤ Jason M. Kelly, *Market Maoists: The Communist Origins of China's Capitalist Ascent*, Cambridge, Massachusetts: Harvard University Press, 2021.

国差别"后中英两国间贸易的发展。

相对于国外学术界对经济冷战与英国对华贸易管制政策较为系统成熟的研究,国内学术界的研究起步较晚。国内关于经济冷战的研究最具代表性成果当属崔丕的《美国的冷战战略与巴黎统筹委员会、中国委员会(1945—1994)》①,此书利用了包括美国国家安全委员会、对外关系文件集、英国外交部档案、日本外交档案以及中国方面大量的档案材料,以巴统与中国委员会的兴衰为线索,对冷战时期美国的冷战战略与对华贸易管制作了详细考察与论述,其中第五章提及英法等欧洲盟国对待"中国差别"的态度、美英协商废除"中国差别"的历程以及英国废除"中国差别"的影响和意义等。

近年来,更多的学者关注到英国对华贸易管制及其"中国差别"的问题,并取得了一系列的成果。具有代表性的成果,如石俊杰②关注到西方对华贸易管制中的英美合作与分歧,李继高③从英美关系发展的角度,对英国废除"中国差别"的过程、原因及影响做了详尽论述,吴浩、刘艳斐④则对英国对华贸易管制政策转变过程中的两次"契机"作了深入分析,即英国利用1952年莫斯科国际经济会议和1954年日内瓦会议召开的机会,成功开辟了与中国贸易的多种渠道,加速了对华贸易政策转变并于1957年单方面废除了"中国差别"。此外,一些中英关系史的论著亦涉及英国对华贸易管制政策的形成与英国废除"中国差别"的历程等,如萨本仁、潘兴明合著的《20世纪的中英关系》⑤、王为民编著的《百年中国关系》⑥以

---

① 崔丕:《美国的冷战战略与巴黎统筹委员会、中国委员会(1945—1994)》,中华书局2005年版。
② 石俊杰:《论新中国成立初年美英对华贸易管制的政策分歧与协调》,《重庆大学学报》(社科版)2010年第2期,第76—82页;石俊杰:《分歧与协调:美英对华政策比较研究》,浙江大学出版社2011年版。
③ 李继高:《"中国差别"的废除与美英关系(1955—1957)》,《中共党史研究》2016年第2期,第93—100页;李继高:《英国废除"中国差别"政策的原因、过程及其影响》,硕士学位论文,华东师范大学历史系,2012年。
④ 吴浩、刘艳斐:《莫斯科国际经济会议与英国对华贸易政策的调整(1952—1957)》,《中共党史研究》2017年第11期,第81—95页;吴浩、刘艳斐:《1954年日内瓦会议与英国对华贸易政策的调整》,《当代中国史研究》2020年第6期,第112—127页;刘艳斐:《从莫斯科国际经济会议到日内瓦会议——英国对华贸易管制政策的转变》,硕士学位论文,上海大学,2018年。
⑤ 萨本仁、潘兴明:《20世纪的中英关系》,上海人民出版社1996年版。
⑥ 王为民:《百年中英关系》,世界知识出版社2006年版。

及王红续的博士学位论文《毛泽东时代的中英经贸关系》[①]等。

综上所述,国内外学术界关于英国对华贸易管制中"中国差别"政策的研究多集中在英美关于对华禁运的合作与分歧、英国废除"中国差别"的过程及动因等,但较为明显的是,上述研究的关注点集中在出口禁运领域"中国差别"问题的探讨。如果将视角扩大,同时审视英国对华贸易管制中的"出口维度"与"进口维度",抑或发现另一种进口管制领域的"中国差别",但与出口管制中的"中国差别"不同,其伴随英国对中国进口配额政策的调整而几经变化。因而需在系统梳理1949—1972年英国对华进口配额政策演变的基础之上,更为全面地审视与探讨进出口领域的"中国差别"。

总而言之,通过上述学术史梳理可以发现,以往研究中尚缺乏关于1949—1972年英国对华进口配额政策演变的系统梳理与分析,涉及此主题的"二战"后初期英国进口控制、1967—1972年中英关系正常化以及英国对华贸易管制中"中国差别"政策的相关研究,虽对进口配额的渊源历程与宏观背景知识作了详尽介绍,但或因为论述主题的限制,或囿于研究与分析视角的局限,并未对进口配额政策的演变作进一步的讨论与研究。以往关于此问题研究的基本状况,具有重要的参考与启发价值,同时亦存在有待进一步考察与分析的空间。

四、研究思路、方法与主要内容

通过搜集与阅读大量中英文论著,本文在国内外现有研究成果的基础之上,研究运用档案分析法与文献研究法,以英国外交部档案、内阁档案、议会辩论记录与中国外交部档案、上海市档案馆档案、广东省档案馆档案、北京市档案馆档案等开放档案资料作为主干与基础史料,同时综合运用各类型史料与资料,包括英国贸易委员会期刊、中英双方当事人回忆录与主要报纸报道以及相关二手文献论著等,进行对比互证,主要从英国对华进口贸易管制的角度切入,具体考察1949—1972年英国对中国进口配额政策的演变与调整历程,以揭示英国政策几经调整背后的战

[①] 王红续:《毛泽东时代的中英经贸关系》,博士学位论文,中共中央党校,1999年。

略与利益考量,同时涉及中国方面的态度、反应以及举措。

本研究主要致力于解决以下三个"悖论":首先,1949年新中国成立之前,即处于"放松区"之中并享有配额放松政策的地位与待遇,新中国成立之后,英国理应调整其"放松区"地位,但缘何一直并未调整且迟至1959年才正式予以调整? 特别是进口配额放松政策与此时期英国对华出口禁运领域较为严格的"中国差别"限制存在明显对比与不同,缘何如此? 其次,1957年英国单方面废除对中国贸易禁运与出口管制领域的"中国差别"政策,此后中英贸易得以迅速增长且至1959年英国一直处于贸易顺差的有利地位,此种情况下,英国为何要调整对中国的进口配额放松政策,即进一步限制中国对英国的出口商品数量? 中国方面反应如何? 英国后续又对配额政策做了怎样的调整? 最后,1967年中英关系恶化之后,英国为何没有减少对中国的进口配额额度,反而后续实施进口自由化政策并放宽对华进口限制? 英国对华进口配额政策在中英关系正常化进程中到底发挥了何种作用?

此外,1949—1972年英国对华进口配额政策调整中存在的两个重要时间节点亦需关注。一是1959年英国在政策实践上彻底转变与调整对中国的进口配额放松政策,即将中国由"放松区"划入"东方区";二是1967年受中英外交关系恶化的影响,英国对中国的进口配额政策有所收紧,此后伴随的是两国关系的缓和与政策的进一步放宽,故进口配额政策的调整于1967年开始具有了"政治"意义与蕴含。

以上述问题为导向,同时根据政策演变中1959年与1967年两个时间节点,本文将1949—1972年英国对华进口配额政策的演变历程大致划分为三个阶段:1949—1958年英国对华进口配额政策的放松时期,考虑到自中国进口货物量较小与香港地区自内地的进口贸易等诸多因素,英国方面于1949年以及后续1952年和1956年审查对华进口配额政策时并未调整其"放松区"的特殊待遇,1958年开始对棉纺织品施加配额限制,但在政策层面仍未根本调整对中国的配额放松政策;1959—1966年英国对华进口配额政策的收紧与灵活调整时期,1959年英国将中国由"放松区"划入"东方区",彻底转变对中国的进口配额政策,此后在中国反配额举措的压力之下,英国对配额政策作了灵活放宽与调整,虽没有从根本上转变对华配额收紧政策,但广交会前夕适时审查与灵活调整配额的方式使其并未成为中国扩大对英出口的根本阻碍;1967—1972年英国对华进口配额政策的政治蕴含与象征时期,1967年中英两国关系恶化后,英国对华进口配额的额度暂缓增长,此后伴随两国关系的缓和与正常化,英国对中国开始实施进口自由化与配额放松政策,进口配额政策的调整得以成为1967—1972年中英关系政治关系的"晴雨表"。文章即在系统梳理上述1949—1972年英国对华进口配额政策三个大的演变阶段的基础上,分析与展现英国对华贸易管制中的"进口维度",同时在行文中兼及其演变历程与英国对华出口禁运政策的比较与分析,探讨其不同于英国对华经济冷战总体进程与出口禁运政策变奏的深层原因及其影响等,以及更为宏观层面英国对华贸易管制中进出口领域"中国差别"的差异等,以展现英国在调整对华贸易管制政策与调适进出口领域"中国差别"中所反映的高度统筹的现实主义目标。

文章由绪论、正文与结语三部分组成。根据上述的研究思路与主要观点,其中正文部分以时间顺序和政策演变历程为线索展开叙述,兹分为三章,内容概述如下。

第一章主要叙述1949年至1958年英国对华进口配额放松政策的缘起、后续审查以及逐渐调整的过程。对华进口配额是英国进口控制与配额体系中的有机组成部分之一。第二次世界大战时期,英国首次实施全面进口控制以管理其国际收支,并适应战时经济需要。战争结束之后,英国逐步取消进口控制并实施进口自由化政策,同时以货币区域作为分类标准,将不同的进口来源地区划分为英镑区、美元区、放松区、东方区以及日本几类,其中英镑区享受进口优惠待遇,自美元区与放松区的进口贸易自由化,东方区即苏东国家与日本则受到较为严格的进口管制。与苏东国家与日本的情况不同,考虑到中国的出口有限与英国对部分初级商品的需求,英国贸易委员会将中国划分到放松区之中,不受特定进口许可证与相关配额的限制。1949年新中国成立之后,考虑到香港的继续占有问题、保护英国在华企业的利益等诸多方面的因素,英国贸易委员会在实施进口自由化政策与取消进口配额限制时,仍旧将新中国划归到放松区之中,并未调整对新中国的进口配额放松政策。此后,英国贸易委员会进口许可局于1952年9月与1956年3月曾两次审查对新中国的进口配额政策,但考虑到英国自中国进口的货物有限且必需、政策调整对中国香港地区进口内地原产货物的不便以及所带来的额外的配额管理工作等诸多因素,仍旧未调整中国相较于苏东国家来说所享有的特殊进口地位与待遇。20世纪50年代中后期,随着中国对英出口的不断增加,尤其是棉纺织品大量涌入英国,严重影响了英国国内棉纺织业的发展,同时考虑到对中国的配额限制有助于英国同中国香港地区、印度与巴基斯坦所谈判的自动限制棉纺织品出口协议的达成等因素,英国贸易委员会于1958年1月开始对中国出口的棉花和人造丝产品实施配额限制,同年8月,配额限制扩大到大多数纺织品货物之中。伴随着英国对中国纺织品的配额限制,英国对中国的进口配额放松政策开始发生转变。

第二章主要叙述1959年英国对中国进口配额放松政策的彻底转变以及其后中英两国围绕配额问题所展开的一系列交涉过程。1959年11月4日,英国贸易委员会主席宣布取消对美元区和放松区国家进口商品的大部分剩余管制,同时将中国由放松区划入东方区之中,实施与对苏东国家同等程度的进口管制政策,此举标志着英国彻底转变了对中国的进口配额放松政策。英国对华进口配额政策的收紧是多种因素综合作用的结果:一是应对中国高度集中的对外贸易体制的统购统销,以及"大跃进"运动的"大进大出"对英国进出口贸易所带来的不利影响;二是保护英国国内相关产业正常发展的需要,进一步延续1958年纺织品配额限制的调整;三是消除中国与日本进口领域的"差别待遇",以改善英国与日本的商业和外交关系;四是减轻来自美国以及苏联方面对中国与其社会主义阵营地位不符的"差别待遇"不满的压力等。在1959年11月英国对中国的进口配额放松政策发生质变之后,中国方面即指出此安排是对中国进口的一种歧视与不友好行为,不利于中英贸易的发展,并实施了一系列的反配额举措。具体而言,中国方面通过正面反击与间接施压的方式来反对英国对中国的进口配额限制,一方面以对从英国的进口及英国商人来华作适当控制的直接方式进行正面反击,凡可以不从英国采购的商品,暂不从英国采购;另一方面通过限制同英商的交易以及向其表达对限额不满的间接方式,促使英国商人及工商界向英国政府施加压力并取消对中国的进口配额限制。此外,在与英方交涉以及舆论宣传过程中,中国方面并未使用配额与限制等相关用语,不承认配额并拒绝同英方就此问题谈判。在中国方面的坚决反对与英国国内工商界、报界以及议会议员抗议所施加的多重压力之下,英国政府对中国的进口配额政策进行了一系列的调整与让步,包括放宽部分商品的配额、增加丝绸制品的配额、交给中国在进口配额之下领得许可证的英商名单、提议与中国合作进行配额与许可证机制方面的改革并由中方分配年度配额的剩余余额与进口许可证等。但中国方面从根本上反对配额制度,认为此为一种人为的贸易障碍与限制,拒不接受与承认上述英国对配额的调整与放宽举措,力主恢复到之前的放松区地位。英国方面于1960年7月重新审查了对中国的配额政策,商定继续目前的限额方针保持不变,并于同年9月在秋季广交会召开前夕审查与调整对中国的进口许可证与配额安排,而后于1961年1月根据往年的配额使用情况对当年的配额水平做出规定并发布了进口商通知,接近1960年配额水平的部分商品配额在1961年略有增加,远未接近该配额水平的其他商品配额则保持1960年的配额水平不变,以便于英商在广交会上签署合同和开展贸易。此后,英国方面在1961—1966年每年春秋两季广交会召开前夕,审查上一年度或上半年度的配额使用情况,提前向进口商发布相关进口配额通知,灵活调整后续的商品配额,以便于英商在广交会上的进口贸易,并逐渐形成了一种常态化审查与调整模式。尽管中英双方关于配额问题的矛盾并未从根本上得到解决,但广交会前夕英国对华进口配额调整的常态化,以及通过1963年卢绪章访英与1964年英国贸易大臣贾埃访华两次访问中双方关于配额矛盾的讨论与协商,中英配额矛盾得到了暂时的缓解,英国对中国的进口配额限制亦并未从根本上成为中国扩大对英出口的障碍与桎梏。

第三章主要叙述了1967—1972年英国对华进口配额政策受中英两

国外交关系变动的影响而经历了由收紧再到逐渐放宽的过程。随着1965年与1966年英国对中国出口的不断增加,中国对英贸易中逆差不断增大,对英出口增长远不及进口。故此,中国方面进一步反对英国的进口配额限制,中英双方关于配额问题的矛盾再趋激化。英国贸易委员会由最初主张不采取措施予以应对,到此后鼓励与中国的直接贸易,其在1967年初发布的进口商通知中指出,在配额面临压力的情况下,有关从中国香港地区或其他第三国或地区进口的许可证予以保留,优先考虑直接从中国进口的贸易商许可证申请,以此扩大中国的对英出口量。1967年5月的反英抗暴斗争与8月的火烧英国代办处事件,致使中英两国关系逐步恶化并降至冰点,阻断了之前英国鼓励中国扩大对英出口的进程,此后英国的进口配额政策调整受两国外交关系变动的影响而具有了一种"政治"色彩与意味。在中英两国关系恶化之后,英国方面确定的政策是尽其所能保持与中国的贸易,但在进口配额政策方面则暂缓调整。1967年9月,在广交会召开前夕,英国方面像此前一样审查对中国部分进口商品的配额,经讨论后虽决定照常发布进口商通知,但删除任何提及广交会的内容,部分商品配额额度的调整亦暂缓通知。1968年3月与4月,英国方面对是否增加对中国进口配额额度的问题展开了激烈讨论,外交部部分官员主张增加对华进口配额,并将其视为一种政治与经济姿态,是中英关系正常化进程的一部分,但经过多方讨论与协商,增加配额的提议被予以否决,由于部分英国国民无法获得出境签证而仍旧被"扣留"在中国,增加配额势必会遭受来自议会以及部分国民的批评与压力,保留与暂缓配额的增长可以作为一种对中国表达不满的方式。最终,英国方面决定暂缓1968年中国进口配额的增长。此后,1968年9月,在秋季广交会召开前夕,英国方面经讨论后决定1969年的配额水平不低于1967年和1968年的水平,即至少保持在1967年与1968年水平上,并且会根据后续中国对在华英人的出境签证发放情况,灵活调整对中国的配额增长,不排除后续增加配额的可能性,此为后续中英关系的改善时调整对华配额政策留下了回旋的空间。1969年11月与12月,在对来自东方区国家的进口进行审查与实施贸易自由化的政策过程中,考虑到中英关系有所缓和、英国对中国的贸易顺差以及英国对华未来出口的良好前景,英国方面亦开始对自中国的进口实施自由化,决定于1970年取消对部分商品的配额限制并给予全额的特定许可证,以促进中英双向贸易的发展并加快中英关系的缓和与改善。1970年7月,英国方面决定继续实施对华进口自由化政策并进一步取消和放宽对部分商品的配额限制。1971年1月,英国对中国进口配额政策做了进一步的改进与调整,一方面受东方区总体配额增加不足的限制,调整的重点由此前的完全自由化,转为着重增加部分商品的配额水平,另一方面则进一步修订进口许可证安排,将此前获发全额特定许可证的商品转至开放普通许可证之中,以减少中国商品进口商所需要履行的许可证程序,扩大与中国的进口贸易。英国自1969年开始的对华进口自由化政策的实施与进口限制的放宽,作为向中国方面所表明的扩大双方贸易的一种信号与诚意,在中英关系缓和与正常化进程中发挥了一种先导与表征的作用。

五、研究的基本框架

绪论

一、研究目的与意义

二、国内外研究现状

三、研究方法与内容框架

第一章　英国对华进口配额放松政策的缘起与渐变(1949—1958)

第一节　英国进口控制政策的实施与调整历程

第二节　英国对华进口配额放松政策的缘起与后续审查

第三节　英国对华棉纺织品配额限制与进口配额放松政策的转变

第二章　英国对华进口配额政策的质变与中英配额交涉(1959—1966)

第一节　英国对华进口配额政策的收紧及缘由

第二节　中国的反配额举措与英国对华进口配额政策的调整和让步

第三节　广交会前夕英国对华进口配额调整的常态化与中英配额矛盾的暂缓

第三章　英国对华进口配额政策的逐步放宽与中英关系正常化

(1967—1972)

　　第一节　中英关系的恶化与英国对华配额额度的暂停增长

　　第二节　英国对华进口自由化政策与中英关系的缓和

　　第三节　英国对华进口限制的放宽与中英关系正常化

　　结语：进口配额、出口禁运与"中国差别"的再审视

六、参考文献

　　……（略）

本章推荐阅读文献

1. 李良玉：《论文开题报告刍议——以历史学为例》，《江苏大学学报》2007年第5期。
2. 朱旭东：《学位论文开题报告研究》，《研究生学位与教育》2010年第1期。

第四章
世界史学术论文的格式与规范

从大的研究领域而言,中国史论文与世界史论文构成了史学论文两大范畴。与中国史论文一样,世界史学术论文包括毕业论文、专题性学术论文、书评、学术综述(书评)等不同具体类型。这些论文具有共同的基本格式。具体而言世界史论文的基本格式主要包括:题目、中英文摘要、关键词、目录、引言(导论)、正文、章节标题、注释、结语(结论)九大部分。除此之外,学位论文通常还包括致谢、参考文献两大部分。

一、题目

论文的题目是最直接体现文章是否具有"问题意识"的载体。一个好的题目往往会最直观地向读者呈现出文章的研究性论题。文章题目的拟定需要不断仔细斟酌。世界史学术期刊论文与硕士和博士学位论文题目写作的要求基本是相同的,具体表现在如下四个方面。

第一,文题相符。文章的题目需要准确有效地传递和覆盖正文的核心学术信息,反映文章的主要内涵。用通俗的话来讲,就是文章题目所传递出来的信息要与正文内容高度匹配,不能出现题目或正文"跑偏"的情况。例如,一位同学的论文题目是《尼克松政府时期美国环保署的环境保护政策研究》,但从全文来看内文却并没有聚焦于尼克松时期美国环保署制定与实施的环境保护政策,而是集中于对尼克松时期美国国会通过的环境立法的梳理与分析。这就是非常明显的"文不符题"。

第二,文章题目表述要高度凝练,避免使用含混、可能引发歧义的词语。题目不宜太长也不宜太短。太长的题目表明作者缺乏概括和抽象能力以及明确的问题意识,太短的题目则不能有效凸显文章的研究性论题。通常文章的题目不要超过 15—20 个字。例如,《罗斯福新政研究》这一题目就过于简单,缺少凸显研究性论题的关键词与核心概念,表明文章作者"问题意识"不够明确。《关于 20 世纪 80 年代美国里根政府与州政府围绕环境治理政策的博弈研究》这样的题目就过于冗长和啰唆。

第三,文章题目中的核心概念不宜多,最多两个,突出主题与文章的研究性论题。题目一定要有体现核心概念的关键词,关键词一定要凸显出文章研究的主要问题。例如,《莫斯科国际经济会议与英国对华贸易政策的调整(1952—1957)》就是一个比较规范的题目。它的核心概念是"莫斯科国际经济会议"与"英国对华贸易政策的调整"。两个核心概念明确体现出文章所要讨论的问题。

第四,文章题目一定是分析性题目而不是陈述性题目,要凸显出文章深刻的研究性论题,以此吸引读者阅读兴趣和思考。陈述性的题目往往聚焦于历史现象或发展过程的来龙去脉,而分析性题目更多关注的是不同历史现象之间联系,特别是现象与更宏大历史进程的关系,或者探寻复杂历史现象与进程的转向及其背后深层动力。例如,以下几个题目就是典型的陈述性题目——"试论罗斯福新政的影响""20 世纪 90 年代土耳其的外高加索地区政策""乔治·寇松的'东方构想'及其实践""1830—1856 年英国埃塞克斯郡警务改革研究""美国反吸烟政策的演变(1950—1971)""爱尔兰反贫困模式的形成与演变"。以"乔治·寇松的'东方构想'及其实践"为例,这一题目更多凸显出乔治·寇松的"东方构想"的内容即实践过程这一史实,而没有构建出更为深刻的分析性研究论题。

对于分析性题目,这里比较推荐的题目类型是"A 与 B"式题目和主副标题式题目。

(1)"A 与 B"式题目更多凸显研究者需要探究、建构、解释 A 与 B 两种历史现象之间内在逻辑联系,其中隐藏着深刻的研究性论题。这里需要说明的是,这类题目通常秉持"以小见大"的原则,因此 A 通常是一个比较小的历史现象,由此 B 并非是一个与 A 对等的名词词组而是聚焦于更宏大的历史进程的演变(动词词组或动名词词组)。A 与 B 之间并非简单的并列对等关系,而是存在从因到果的逻辑关系。例如,"非美活动委员会与罗斯福新政时期联邦作家计划"就是一个"非美活动委员会"（A）与"罗斯福新政时期联邦作家计划"（B）之间简单并列对等，没有突出"罗斯福新政时期联邦作家计划"作为一个更大历史进程变迁与"非美活动委员会"之间逻辑关系的题目。因此，这个题目修改为"非美活动委员会与罗斯福新政时期联邦作家计划的转型"似乎更为妥当。以"美中贸易全国委员会与美国对华贸易双重沟通渠道的构建（1973—1979）"这一题目为例，就是一个典型的"A 与 B"式题目。"美中贸易全国委员会"（A）是一个美国在 1973 年建立的对华民间贸易交流机构，从题目上来看，作者构筑了一个很好的分析性研究论题，即深入分析"美中贸易全国委员会"与"美国对华贸易双重沟通渠道的构建"之间的内在逻辑关系。

（2）主副标题式题目。这种题目适用于题目较长的情况。这种写法能够提供更多的学术信息和文章标识度。这类题目通常分为两种情况：一种是主标题为虚，但需要通过关键词凸显文章主要观点，副标题为主，但需要通过关键词凸显文章核心的研究论题。例如，以下题目均属于此类情况的较为典型的题目——"异乡变故乡——乐灵生中国观的变迁（1902—1937）""卫道士还是官僚政客：哈里·安斯林格与国际禁毒体系的构建（1930—1970）""失去的机会：1866 年《南部宅地法》与黑人解决土地问题的失败""从困境到突破：内战后美国南部农业现代化进程"。另外一种情况是主标题为主，副标题为辅，主标题通过关键词突出文章的主要研究论题，副标题突出文章的研究视角和切入点。例如，"越战时期美国与盟国的信任危机：以约翰逊政府的'更多旗帜'计划为例""欧洲火山喷发印象的历史变迁：以百科全书为中心的考察"之类的题目就属于这种情况。

第五，学术类文章题目尽量避免使用"×××研究"与"×××问题初探""×××问题探析""试论×××问题""试析×××问题""浅析×××问题"之类的标题。"×××研究"之类的题目更适用于申请项目时的项目标题，而其他表述同样难以突出文章的研究性论题。

二、摘要

摘要是文章主要内容与核心观点的高度概括与凝练，是读者第一时间把握论文主要观点、初步判断研究成果是否具有创新性的有效信息，同时也是全文检索的主要依据。期刊论文与学位论文的摘要写作需要注意的内容如下。

(一)世界史学术期刊论文的摘要

第一,摘要文句要高度简洁凝练。学术期刊论文摘要字数通常控制在200—300字之间。摘要以提供文章核心内容为目的,无须另加评论和补充解释,应简明、确切地记述文章核心内容。

第二,摘要不是论文结论的简单重复,文字上应该有所区别,要体现高度凝练全文观点的特点。

第三,摘要不是提要,应避免在摘要中出现"笔者""本文"之类的第三人称,同时也要避免出现关于写作目的、意义、思路、主旨方法和各章内容的介绍。而提要则是将整篇文章的大意、思路和主旨概括出来,其重点不是对文章进行压缩、再现,而是以第三方角度对文章进行评述,一般是第三人称,常使用"本文""论文""本研究"作为主语,并往往外在性地描述作者是如何得出这样的结论的,如"通过……""研究发现……"

第四,摘要的逻辑就是全文的逻辑。摘要应是论文主体的精练。这要求作者在完成初稿后,对论文有整体的把握和理解,以便能够准确提炼出每个部分的精髓。摘要中的各个部分应该逻辑清晰,相互关联,在撰写摘要时,需要高度关注句子之间的逻辑性与连贯性。

第五,摘要要高度简洁紧凑。在撰写摘要时,应确保在最小的篇幅内提供最重要的信息,保持信息的紧凑性,不要在摘要中引用参考文献,也不要在摘要中包含本学科领域已成常识的内容。同样摘要也不是对论文每一部分的详细描述,而是对重要内容的概述。因此,应避免在摘要中添加过多的细节或数据,以免造成信息的过载。

第六,摘要应具有高度的信息浓缩性,又要具有可读性,还要结构完整、叙述清晰、篇幅简洁、独立成篇。摘要要使用简单直接的语句,避免使用成语、俗语或复杂的语言结构,以确保信息的清晰和易于理解。摘要应使用精确和专业的语言来表述,避免模糊不清的表述,确保读者能够快速准确地抓住研究的要点。

第七,英文摘要应根据中文摘要内容,按照英语表达习惯翻译出来,切忌使用翻译软件直译后复制粘贴。

摘要写作方法如下。

摘要应是论文主体的精练,逻辑应当与全文的逻辑一致。摘要写作可以放在论文全部成稿之后,直接摘取文章每一部分的精华词句或对其进行概括,然后连缀成段,最后反复通读修改,以精练、凝结的语句传递文章的核心观点(即客观析出文章的主要观点)。需要注意的是,摘要通常既要有文章提出的主要问题,还要包括解决问题的答案(即主要观点)。

示例1是一篇比较规范的世界史学术期刊论文摘要。

示例1

论文题目:失去的机会:1866年《南部宅地法》与黑人获取土地的失败

[摘要] 内战结束后,为了解决美国南部黑人的土地问题,共和党控制的国会通过了《南部宅地法》。《南部宅地法》为广大黑人申请并获得免费的公地创造了一系列相对有利的条件。但是,由于大多数黑人长期深陷贫困,根本无力支付申请并开垦宅地的初始资本,因此,他们始终未能充分利用《南部宅地法》赋予的有利条件实现获得土地的梦想。乡村商人与种植园主的借贷剥削是广大黑人长期陷入贫困的深层次原因。联邦政府在推行《南部宅地法》的同时,并没有意识到借贷问题对于黑人申请者的重要性,因而并没有为他们提供相应的借贷扶持。对于大多数黑人而言,《南部宅地法》最终成为一次"失去的机会"。

示例2是一篇存在常见问题的学术期刊论文摘要。摘要的最后一句话——"本文……的运行机制"(用着重号标出)实际上是关于文章写作目的、思路、主旨和方法的内容,不应出现在摘要之中。

示例2

论文题目:越战时期美国与盟国的信任危机:以约翰逊政府的"更多旗帜"计划为例

[摘要] 约翰逊政府的"更多旗帜"计划主要通过最大限度地争取国

际社会对南越政府的援助彰显美国越战政策的合法性。随着越战的升级，这一计划的重点被调整为争取美国的重要盟国向南越出兵协同美军作战。围绕着这一计划，美国与大多数盟国产生了较大的矛盾与分歧，进而导致美国在第二次世界大战后建立的冷战同盟陷入信任危机。美国与盟国各自的利益诉求和由此造成的冷战战略的差异，是冷战同盟内部围绕"更多旗帜"计划出现信任危机的深层次原因。本文在借鉴前人研究成果的基础上，主要运用美国政府解密档案，通过分析美国的主要盟国对"更多旗帜"计划的反应及其背后隐藏的行为动机，来揭示越战时期美国所构筑的冷战同盟难以建立互信关系的深层次原因，以及这一同盟体系内部的运行机制。

（二）世界史学位论文的摘要

世界史硕士与博士学位论文摘要与上述学术期刊论文摘要要求基本相同，但字数篇幅可以稍长，但连同关键词尽量控制在一页A4纸（1 000字以内）范畴。

示例3是一篇存在常见问题的世界史硕士论文摘要。这篇摘要严格意义来讲并不属于摘要，而是被作者写成了提要。虽然摘要的第一段提出了论文研究的问题，但是第二段文字却是以第三人称书写关于论文研究路径、主旨思路和主要内容的介绍，主要致力于描述作者如何开展研究得出文章的结论，已用着重号标出。这里显然没有对第一段提出的问题给予答案，特别是没有高度精练地概括出论文主要观点。

示例3

论文题目：德米雷尔政府时期土耳其的
经济改革(1965—1971)

[摘要] 1965年，德米雷尔政府上台后，结束了土耳其长达二十多年的指令性计划经济，引领土耳其迈向了自由经济的发展道路。第二次世界大战以后，经历过战争摧残的土耳其急需发展经济来弥补创伤，但是从1945—1965年奉行了将近二十年的国家经济主义原则，使得土耳其的经济发展步步受限。作为发展中国家的土耳其要想在几十年间达到

西方国家的经济发展水平,需要在计划经济和市场经济中寻找到适合自己的发展道路。德米雷尔政府面对前几届政府遗留的经济难题,对土耳其的经济发展进行有效的改革,并制定了一系列的经济措施。

议题以1965—1971年德米雷尔政府的经济改革为研究对象,回顾了二战后土耳其共和人民党、民主党和几届联合政府执政期间土耳其的经济发展状况,总结出德米雷尔政府经济改革的历史背景。同时深入分析德米雷尔政府经济改革的主要内容和实施过程,面对陷入困境的土耳其经济,德米雷尔政府坚持混合型的经济体制发展路线,继续深化经济改革,放弃指令性的计划经济手段,积极向自由市场经济过渡。然而土耳其要想在短时间完成西方国家几百年完成的经济体制转型,不可避免会在国内社会中产生动荡,随后又系统地评析了德米雷尔政府实行的经济改革所产生的积极意义和消极影响。最后总结出,德米雷尔政府的经济改革是土耳其经济的重要转折时期,由于经济发展战略没有及时从内向型过渡到外向型,进而融入世界市场经济体系中,所以德米雷尔的经济改革并没有实现改革的根本目标,因此这是一场不彻底的经济改革。但是这项改革也有突出贡献,它推动了土耳其迈向以市场经济为导向的发展道路,对土耳其经济体制的转变起到了一定的积极作用。

示例4也是一篇存在比较典型问题的世界史学位论文摘要。这篇摘要在提出问题与解决问题的答案,以及观点的高度凝练,文句表述逻辑严谨方面都做得不错,但是在具体表述中第一段仍然出现了第三人称作为主语关于论文研究思路与主旨的表述。最后一段"研究发现……"的表述也不符合学术论文摘要的规范。

示例4

论文题目:世界卫生组织与脊髓灰质炎的全球防治(1948—2000)

[摘要] 随着当下疫情的持续蔓延,全球公共卫生成为历史学的重

要关注领域。论文选取世界卫生组织与脊髓灰质炎的全球防治为个案,将这一全球卫生项目置于国际社会的整体变迁中予以考察,历史地描绘该全球卫生项目的起源、演进和成果,并探讨世界卫生组织在这一项目实施过程中所发挥的作用。

以20世纪中叶美国脊髓灰质炎的爆发为开端,这一疾病引起诸多国家的关注,甚至促成了冷战背景下美苏的疫苗合作。但是各区域应对脊髓灰质炎的措施皆有不足之处,两极格局下的意识形态对立也阻碍了免疫计划的开展,这些因素均表明建立全球防疫体系的必要性与重要性。在这一前提下,世界卫生组织的成立为全球合作提供了契机。值得注意的是,尽管承认全球卫生合作的重要性,世界卫生组织最初对全球根除脊髓灰质炎目标的可实现性也存有疑虑。然而,出于促进全球公共卫生服务的考量,并且经过一系列的讨论与研究,1988年世界卫生大会上,世界卫生组织最终提出"全球消灭脊灰行动"(Global Polio Eradication Initiative)的倡议,并获得了其他国际组织的支持。在"全球消灭脊灰行动"过程中,国际政治与本土社会共同作用,各地的脊髓灰质炎形势与根除进程不一,世界卫生组织在整个全球脊髓灰质炎合作网络中发挥了重要的协调与引导作用,并最终于2000年前实现了美洲区域与西太平洋区域的脊髓灰质炎根除目标。

时至今日,尽管诸多区域已经实现脊髓灰质炎的根除,但是,"全球消灭脊灰行动"这一项目仍然面临着诸多挑战。新形势下,世界卫生组织积极调整战略转向,引领全球走出"后脊灰年代"的困境。

研究发现,世界卫生组织领导下的"全球消灭脊灰行动"的策略的变迁,以及在各地的不一的进程是诸多因素"合力"的作用,既包括国际组织与国内卫生部门的互动,也包括国际政治与国内社会的交互作用。对全球脊髓灰质炎根除过程中这些因素的分析,以及对世界卫生组织在其中的重要性的探讨将有助于我们从地方、国家、国际,区域和全球等多个层次理解"全球消灭脊灰运动"这一卫生项目的复杂性。

示例5是一篇总体上写作符合学术规范的世界史硕士论文摘要。摘要文字简练,句与句之间、段与段之间逻辑关系紧密。摘要较为清晰地提出论文研究问题与作者的解决答案,文章主要观点概括叙述清晰凝练、独立成篇。摘要中没有出现以"笔者""本文""论文""本研究"之类第三人称作为主语和关于写作目的、意义、思路、主旨方法和主要内容,以及"通过……""研究发现……"之类表述如何得出结论的文字。

示例5

论文题目:从多边合作到双边协定:美国寻求与苏联环境合作的路径转变(1969—1979)

[摘要] 20世纪60年代末到70年代的冷战缓和时期,在寻求与苏联进行环境合作的过程中,美国经历了由在多边合作框架下探寻与苏联的环境合作机会,到单独与苏联签订双边环保合作协定的转变。自60年代末开始,美国陆续通过北约现代社会挑战委员会、1971年欧洲经委会召开的布拉格环境会议、1972年联合国人类环境会议这些多边合作平台尝试寻求与苏联进行环境合作,以进一步缓和双方关系。但因苏联对北约组织的不信任、北约盟国担忧、东德参会资格等阻碍或分歧,美国均未顺利寻求到与苏联环境合作的机会。其中,东德参会资格问题是横亘在双方间的最大分歧。在环境质量委员会主席罗素·崔恩的积极倡议下,美苏于1972年签署《美苏环保合作协定》进行双边环境合作。自此,美国探索到一条相对稳定的与苏联实现跨国环境合作的路径。

这一合作路径的转变,不仅有限地突破了双方因一些冷战政治问题而带来的阻碍,而且也将美苏环保合作纳入官方合作议程。虽然由于冷战的阴影挥之不去,两国在社会制度、意识形态等方面根本对立,随着具体合作项目的展开,美苏双边环保合作也难免面临困境,但这却成为美苏历史上最为持久的合作项目。

无论是在多边框架下谋求与苏联环境合作,还是与苏联签订《美苏环保合作协定》,美国始终在倡议领导、组织策划等方面占据主导地位。在整个过程中,美国依托其丰富的知识经验与先进的技术,加强了在国际环保领域的领导力和话语权,进而逐步在国际环境保护领域建立起"新霸权"。美苏这对自冷战以来的对抗国,在缓和时期走向环境领域的合作,亦展示了冷战环境史的另一重面相。

三、关键词

关键词是学术论文的重要组成部分,是用来传递文章核心内容与进行全文检索的重要工具,具有不可替代的学术功能。关键词是论文中最重要、最关键或重复率最高的词或词组。关键词写作需要注意以下三点。

第一,关键词应尽量使用名词或动名词,不能用形容词和没有实际检索意义的量词、介词、连词,以及短语等。

第二,关键词数量控制在3—5个。

第三,关键词一般析出于论文的标题和摘要的核心词汇,因为这些都是论文最重要、最关键的部分。

关键词写作方法如下。

关键词一般在论文和摘要全部定稿后从论文的题目和各级标题,以及摘要中选取最能传递文章核心精华的词汇。

示例1是比较规范的世界史学术期刊关键词。

示例1

**论文题目:失去的机会:1866年《南部宅地法》与
黑人获取土地的失败**

［关键词］ 失去的机会;南部宅地法;南部公地;黑人;借贷制度

四、目录

目录是体现论文主要论题、结构框架与逻辑线索的主要载体,其中期刊论文通常不需要附上单独的目录,而学位论文则需要单独的目录。虽然期刊论文不需要单独的目录,但是为了从宏观上把握论文的总体框架与逻辑结构,也需要在写作与修改过程中列出文章目录。需要指出的是,学术期刊论文目录标题通常遵循"一、(一)"等层级模式,学位论文目录标题通常遵循"第一章、第一节、一、(一)"的层级模式。

目录的制作通常要在论文全部完成,对各部分标题反复深入斟酌定稿后。要高度关注目录同级标题与各级标题之间的逻辑关系,以及各级标题与论文题目逻辑呼应关系。这也是读者获取学位论文信息的重要途径。

(一)世界史学术期刊论文的目录

以《失去的机会:1866年〈南部宅地法〉与黑人获取土地的失败》为题的学术期刊论文为例,它的目录结构如下:

> 引言
> 一、《南部宅地法》实施前黑人的农地制度
> 二、《南部宅地法》——黑人"失去的机会"
> 三、《南部宅地法》未能解决黑人土地问题的深层次原因
> 四、借贷制度与内战后南部黑人长期深陷贫困
> 五、结语

(二)世界史学位论文的目录

以北京大学历史系2009年博士学位论文修改稿《乡村借贷:内战后美国南部农业现代化的制度"瓶颈"》为例,它的目录结构如下:

> **绪论**
> 一、基本概念的界定
> 二、美国现代化进程中的特殊现象
> 三、相关研究回顾与述评
> 四、本书的主要观点、思路与基本架构
> **第一章 内战后南部乡村借贷制度形成与发展的前提**
> 第一节 内战后南部种植园黑人农地制度的演变

一、1865—1867 年工资合同制的试验

二、1867 年后分成制为主的混合农地制度的形成

三、1880—1930 年南部种植园黑人农地制度的变化

第二节　内战后联邦政府解决南部黑人土地问题方案的失败

一、《自由民局法案》的土地分配方案

二、1866 年《南部宅地法》的土地分配方案

第二章　内战后南部乡村借贷制度的形成与发展

第一节　内战后初期南部乡村借贷制度的形成

一、内战后南部代理制度的衰落

二、乡村商人的崛起

三、乡村商人借贷业务的经营方式与剥削机制

四、关于内战后南部金融体系的分析

第二节　乡村商人与种植园主围绕借贷问题的斗争

一、乡村商人对种植园主的挑战与威胁

二、种植园主—乡村商人的利益冲突与作物留置权法

第三节　南部乡村借贷制度的地域分布新格局

一、种植园主控制种植园带黑人借贷业务

二、乡村商人控制内地与山区白人约曼自耕农借贷业务

第三章　借贷制度与内战后南部种植园经济的发展困境

第一节　内战后南部种植园主的借贷制度

一、种植园主提供借贷的方式

二、种植园主的借贷合同

三、种植园主借贷业务的经营方式与剥削机制

第二节　借贷制度与内战后南部黑人种植园经济的发展困境

一、借贷制度与南部种植园黑人农业劳动者的贫困与债务

二、借贷制度与南部种植园黑人农业劳动者的"劳役偿债"和地域迁移困境

三、借贷制度与南部种植园黑人农地制度的变化

四、借贷制度与南部黑人农业劳动者的棉花"过量生产"

第四章　借贷制度与内战后南部约曼自耕农经济的发展困境

第一节　内战前南部的约曼自耕农经济

一、内战前南部约曼自耕农的农场规模与财产状况

二、内战前南部白人约曼自耕农经济的经营方式

三、内战前南部保护约曼自耕农经济的习惯法与成文法律

第二节　借贷制度与内战后南部约曼自耕农经济发展的困境

一、借贷制度在内战后南部内地与山区的发展

二、借贷制度与内战后南部约曼自耕农的贫困与债务

三、借贷制度与内战后南部约曼农场的租佃化

四、借贷制度与内战后南部约曼自耕农的棉花生产

五、借贷制度与内战后南部约曼自耕农公共权利的丧失

结论　乡村借贷——内战后美国南部农业现代化启动的制度"瓶颈"

参考文献

后记

五、导语

导语，又称引言或前言。作为学术期刊论文的重要组成部分，导语是对全文内容和结构的总体勾画，目的是说明论文研究的主题内容与范围（what 与 where），以及文章写作目的、思路、主旨和方法（how）。

（一）世界史学术期刊论文导语

具体言之：一篇世界史学术期刊论文的导言主要包括以下四个方面。

第一，引出研究课题，主要通过介绍研究领域的背景、意义和发展状况等。

第二，回顾相关的研究文献，高度概括前人在这个领域里已做过的工作、重大发现和观点，以及前人研究在视角、方法、关注问题、选取档案等方面的特点。

第三，深入评估前人的研究工作，指出既有研究尚未关注的问题，以及有待拓展之处。

第四，在继承前期研究传统基础上，提出新问题，引出本研究课题的动

第四章 世界史学术论文的格式与规范

机、思路、主旨、方法和意义。这里在引出问题的同时,无须将文章主要观点(即问题的答案)写在导言中。

其中第二、三部分内容可根据学术期刊的要求与实际情况选择在导论正文或者注释中予以阐释。

需要特别指出的是,一些作者在撰写世界史学术期刊论文时经常会出现不写导语,直接进入文章第一部分,或者在导语文字前加上标题"导语"的情况。这类情况大多出现在刚刚入门的硕士与博士生身上,需要引起高度重视。

示例1是以一段比较规范的世界史学术期刊论文导语。其中关于概念界定和国内外学者研究文献都放在了注释之中。

示例1

论文题目:莫斯科国际经济会议与英国对华贸易政策的调整(1952—1957)

中英贸易由来已久,鸦片战争后,英国通过与清政府签订一系列不平等条约,迅速占领中国市场,对华投资与贸易规模始终位居在华列强之首。然而,两次世界大战不仅严重影响了英国经济,而且使其在中国的传统贸易优势逐渐丧失。新中国成立后,如何重新占据中国市场,尽快恢复与扩大对华贸易,进而最大限度地维护其在华经济利益,成为英国对华外交的重要考虑之一。然而,在全球冷战的两极格局下,英国不得不追随美国,对新中国实行禁运、限制出口等贸易管制①措施。对华贸易管制政策严重影响了英中贸易,并损害了英国与中国香港地区以及远东英联邦国家的利益。为了维护并实现自身利益的最大化,英国政府试图在不破坏英美同盟关系的基础上最大限度地发展对华贸易以突破对华贸易管制的不利影响。而以恢复东西方贸易为宗旨的1952年莫斯科国际经济会议为实现这一目标提供了契机。通过此次会议,英国代表团开辟了英中贸易的民间渠道,从而为对华贸易的持续扩大,乃至英国最终调整对华贸

---

① 本文中对华贸易管制中的管制(Control)一词主要包含禁运(Embargo)和限制数量(Restrict)两层意思,其中,禁运是管制的核心。对于英国政府明确规定不允许向中国出口的物资,如军事武器等,则称为对华禁运;对于其他未明确表明是禁运还是限制数量的物资,则统称为对华贸易管制。

易政策奠定了重要基础。(引出课题,介绍研究问题的背景、意义)

长期以来,关于1952年莫斯科国际经济会议本身的研究,国内外学者已有所涉及。国外学者的研究主要侧重于关注东西方贸易管制背景下的莫斯科国际经济会议的召开及其意义①;国内学者主要从中国的角度考察了这一会议对中国打破封锁禁运的重要意义。②(回顾相关的研究文献,概括前人研究的特点)而关于此次会议对英中贸易,特别是英国对华贸易政策的影响则缺乏专门论述。(评价前人的研究工作)本文主要运用英国外交部档案(Foreign Office,简称 FO)、内阁文件(The Cabinet Papers,简称 CAB)和美国外交关系文件(Foreign Relations of the United States,简称 FRUS)、美国解密档案在线(U.S. Declassified Documents Online,简称 USDDO)、珍稀原始典藏档案(Archives Unbound),以及目前中国外交部档案馆和上海市档案馆已经开放的档案③和当事人回忆录等相关资料,从英国自身对华贸易政策的视角,探讨1952年莫斯科国际经济会议与英中贸易的扩大以及英国对华贸易政策调整之间的联系。(提出新问题,引出本研究课题的思路、主旨、方法)

(二) 世界史学位论文的导论

世界史学位论文的导论有时也被称为绪论,其与期刊论文写作有所不

---

① Alec Cairncross, "The Moscow Economic Conference," *Soviet Studies*, Vol. 4, No. 2 (Oct 1952), pp. 113 – 132; Charles Madge, "Notes on the Standard of Living in Moscow April 1952," *Soviet Studies*, Vol. 4, No. 3 (Jan 1953), pp. 229 – 236; Oleg Hoeffding, "East-West Trade Possibilities: An Appraisal of the Moscow Economic Conference," *The American Slavic and East European Review*, Vol. 12, No. 3 (Oct 1953), pp. 350 – 359; David Clayton, *Imperialism Revisited: Political and Economic Relations between Britain and China, 1950 -54*, London: Macmillan Press, 1997; David Clayton, "British Foreign Economic Policy towards China 1949 – 60," *Electronic Journal of International History*, 2000, pp. 1 – 13; Eisel Reinhard, "Britain's China Policy from 1949 to 2005: From an Idealistic Approach to Return to a Focus on the Economic Factor," *EU-China European Studies Centres Programme*, May 2007, pp. 1 – 33.

② 陶文钊:《禁运与反禁运:五十年代中美关系中的一场严重斗争》,《中国社会科学》1997年第3期,第179—193页;王红续:《毛泽东时代的中英经贸关系》,中共中央党校博士论文,1999年;王红续:《雷任民与莫斯科国际经济会议》,《百年潮》2001年第4期,第41—48页;蔡成喜:《1952年新中国派团参加国际经济会议》,《中共党史资料》2006年第2期,第139—144页;蔡成喜:《新中国打破美国封锁禁运的重要桥梁——莫斯科国际经济会议》,《当代中国史研究》2007年第2期,第107—109页。

③ 目前中国外交部档案馆和上海市档案馆档案解密情况并不理想,关于1952年莫斯科国际经济会议的档案仅有几份。

同,可以视为扩充版的学术期刊论文导论,并可作为独立的一章,置于毕业论文第一章之前。通常世界史学位论文的导论包括引言、学术史述评、主要观点、思路与基本架构四个方面,可以单独作为独立的小节。有时也可以将全文的基本概念界定放入引言之前。以北京大学历史系2009年博士学位论文修改稿《乡村借贷:内战后美国南部农业现代化的制度"瓶颈"》为例,它的绪论组成部分如下:

绪论
一、基本概念的界定
二、美国现代化进程中的特殊现象(引言)
三、相关研究回顾与述评(学术史述评)
四、本书的主要观点、思路与基本架构

(1) 引言。引言要说明研究背景,点出所研究问题在历史上的重要性,以及在学术与现实方面的价值所在。通常引言的字数可以控制在1 000字以内。引言撰写常见问题在于书写不规范,常出现将文章主旨和研究思路的内容写入引言中的情况。

(2) 学术史述评。学术史述评首先要对国内外学者的研究作出深入、细致、清晰的梳理,并在此基础上对其在研究方法、视角、关注问题、使用档案等方面特点进行概括,进而在此基础上对前人的研究工作做出深度评价,指出既有研究存在哪些长处与哪些尚未关注的问题,以及有哪些问题可以进一步补充、深入与拓展,从而在后续把自己的研究课题与前人研究有机联系在一起。较之期刊论文,学位论文学术史的总结评价内容要更加详细和深入。这部分内容书写常存在的问题在于对研究问题学术史不熟悉,梳理简单、堆砌学者主要观点,缺少对前人学术研究的深度总结与评价。

(3) 文章主要观点。这部分内容要使用高度精练的语言概括文章主要观点。

(4) 思路与基本框架。研究思路主要是在对前人研究归纳、总结与评论的基础上,阐释本文如何开展研究与如何设定论文的基本结构。其中研究思路可以借鉴下面的句式来展开写作:"本文拟从……视角出发,充分利用……档案,主要关注……问题,或厘清A与B……不同问题之间的逻辑联系,或者从A到B的演进历程,在并此基础上分析背后的深层次原因。"这部分内容是体现作者研究与前人研究的关系,特别是作者研究创新性所在的重要内容。基本框架则是展现论文的结构安排,可以按照论文不同篇章研究的问题及主要观点来写。这部分内容在许多世界史学位论文的写作中常常被作者忽略。

示例1是截取于一篇世界史博士论文的比较规范的论文研究思路、主要观点与基本框架的写法。

示例1

论文题目:乡村借贷:内战后美国南部农业现代化的制度"瓶颈"

本文试图从一个新的视角——内战后南部乡村借贷制度为切入点,深入探讨乡村借贷制度的形成与发展对内战后南部黑人种植园经济和白人约曼自耕农经济发展的深刻影响,进而在此基础上从制度"瓶颈"的层面揭示内战后美国南部农业发展长期处于落后与停滞状态,农业现代化启动长期陷入困境的深层次原因。(研究思路)

在对各种史料深入分析的基础上,本文力图论证的观点是:乡村借贷制度是内战后美国南部种植园主和乡村商人控制与剥削黑人分成农或租佃农,以及白人约曼自耕农的重要机制。正是由于借贷制度的剥削与控制,内战后美国南部大多数黑人与白人农业劳动者长期深陷贫困与债务、长期作为分成农或租佃农被锁定在面积狭小的租佃农场,以及长期维系以棉花生产为主体的畸形的单一种植结构。由此,他们最终陷入了"棉花→债务→更多棉花→更多债务……"的恶性循环。种植园主和乡村商人则凭借借贷制度的剥削使得他们即使在棉花价格不断下降,且长期维系在低水平的情况下,依然能够榨取高额利润。这在很大程度上造成了现代科学技术(如农业机械化、农业生物技术等)和现代经济管理方法(如农业产业化)很难在内战后的南部农业中得到应用与推广,以及大部分农业人口被锁定在毫无效率的农业生产,难以实现农业人口向非农业部门转移,由此南部农业发展一直处于落后与停滞状态,农业现代化的启动长期深陷困境。

具体说来,本文认为,借贷制度对内战后南部农业发展的影响主要体现在三个方面:

第一,通过借贷制度的借贷价格体制,种植园主榨取了种植园黑人农业劳动者的大部分剩余产品,从而使得他们长期深陷贫困与债务,并由此陷入"劳役偿债"(debt peonage)的陷阱。在这种情况下,南部的黑人农业劳动者长期被束缚在种植园主的土地上,实际上失去了"自由迁移"的权利。同样,借贷制度在南部内地与山区的发展也使得大批白人约曼自耕农陷入长期的贫困与债务,只不过他们遭受控制与剥削的程度要小于种植园的黑人农业劳动者。

第二,种植园主利用借贷制度控制了黑人农业劳动者在"农业阶梯"位置上的流动,从而将南部大部分黑人农业劳动者长期束缚在面积狭小的分成制农场与租佃制农场,使得他们难以实现财富的积累,进而获得土地所有权,成为小土地所有者。虽然19世纪70年代后半期以后,由于棉花价格的下降与波动,南部种植园主开始越来越多地采用租佃制取代内战后初期实行的分成制,但是由于借贷制度的存在,黑人自由民并没有因此获得南部习惯法赋予租佃农的权利,也没有由此积累起足够的个人财产,进而转变为独立的小土地所有者。对于大多数黑人农业劳动者而言,由于借贷制度的存在,成为分成农与租佃农并没有本质的区别。从分成制向租佃制的转变实际上是种植园主为了规避棉花价格不断下降产生的经营风险而采取的对策。正是通过借贷制度,种植园主使得黑人农业劳动者长期陷入贫困,从而不得被动地接受种植园主的租佃形式安排。同样,内地与山区的商人也通过借贷制度剥夺了大批白人约曼自耕农的土地,从而使得他们陷入了失去土地,转变为租佃农与分成农的命运。

第三,南部的种植园主利用借贷制度,特别是作物留置权体制,控制了黑人农业劳动者的作物选择,而借贷制度造成的长期债务,又使得黑人农业劳动者只能按照种植园主的要求通过种植更多棉花的方式偿还债务和获取新的借贷。这样,南部种植园的黑人农业劳动者最终陷入了"棉花→债务→更多棉花→更多债务……"的"恶性循环"。这使得他们在棉花价格不断下降,并长期处于低水平,以及粮食零售价格很高的不利情况下,始终坚持棉花生产的主体地位,并在此基础上继续不断扩大棉花生产规模,而不能转向对自己更为有利的多样化粮食作物生产。同样,内地与山区的商人也利用借贷制度迫使南部的白人约曼自耕农放弃了以满足家庭消费为主的自给自足和多样化的粮食作物生产模式,从而转向对自己极为不利,却对乡村商人更为有利的"单一的棉花作物生产"。

本文认为,从上述三个方面来看,借贷制度实际上是内战后美国南部种植园主与乡村商人控制农业劳动者的作物生产与榨取他们的剩余产品的重要机制。通过借贷制度,他们迫使南部农业劳动者长期深陷贫困与债务、长期作为分成农或租佃农被锁定在面积狭小的租佃农场,长期维系以棉花为主体的畸形的单一种植结构,由此,陷入了"棉花→债务→更多棉花→更多债务……"的恶性循环。这在很大程度上造成南部农业发展长期处于落后与停滞状态,农业机械化、农业产业化、农村人口的转移,以及农村的城镇化很难在内战后的南部得到应用或推进,南部农业现代化的启动由此长期深陷困境。从这个意义上来说,乡村借贷制度实际上是长期制约内战后南部农业现代化启动的"制度瓶颈"。(主要观点)

本文所要解决的主要问题有三个:第一,借贷制度在内战后美国南部的形成与发展历程。第二,种植园主如何利用借贷制度控制黑人农业劳动者的作物生产、榨取剩余产品,并将他们长期作为分成农与租佃农被束缚在面积狭小的租佃农场。第三,南部的乡村商人如何利用借贷制度控制白人约曼自耕农的作物生产、榨取剩余产品,并使他们逐渐丧失土地,转变为租佃农或分成农。为此目的,本文计划分以下章节进行论证。

绪论首先分别对本文中使用的核心概念与地理概念的内涵与地域

范围作出界定,进而提出本文研究的问题,阐释内战后南部农业现代化启动长期深陷困境作为美国现代化进程中的特殊现象所具有重要的研究价值。随后对国内外的相关研究予以述评。最后,清晰地阐释本文的主要观点、思路与基本架构。

第一章主要介绍内战后南部乡村借贷制度产生与长期存在和发展的重要前提——内战后南部种植园黑人农地制度的演变。主要讨论以下几个问题:1.内战后南部种植园农地制度的发展与演变,特别是种植园黑人分成制和租佃制的发展与演变;2.内战后联邦政府通过《南部宅地法》解决黑人土地问题的失败。

内战结束后,由于种植园主与黑人自由民的相互斗争与相互妥协,南部种植园的农地制度发生了深刻的变化。在经历了联邦政府推行工资合同制的短暂"试验期"后,南部的种植园最终形成了以分成制为主(包括租佃制在内)的农地制度。这是内战后南部乡村借贷制度形成与发展的重要前提条件。1880—1930年,南部黑人农地制度再次发生重大变化,经历了从分成制为主体到租佃制为主体,再到分成制为主体的转变。这是南部黑人借贷制度得以长期存在与发展的重要前提条件。除此之外,1865—1876年,南部的黑人自由民还有其他机会获得免费土地进而转变为约曼农场主。1866年北方共和党人控制下的国会通过了《南部宅地法》,试图通过分配联邦政府在南部各州持有的4 600万英亩公地的方式解决黑人自由民的土地问题。然而,由于黑人自由民长期深陷贫困,难以利用《南部宅地法》制定的有利条件,这一土地分配方案最终并没有获得成功。内战后南部农地制度的变化是乡村借贷制度得以产生并长期存在与发展的重要前提。

第二章……(略)(基本架构)

六、正文

正文是一篇学术论文最核心的部分,也是篇幅最大的部分。作者的观点、文章的主题、结构、史料的运用、分析与论证的层次都需要在正文中得到体现。正文是判断一篇学术论文是否具有创新价值的最重要部分。学术论文正文的写作实际上就是围绕文章核心观点有逻辑有层次地展开分析与论证的过程。这一分析与论证过程的基本要求如下:

第一,分析与论证不能缺失。通常而言,一篇史学论文通常由提出问题、叙述现象(过程)、分析原因(联系)、找出症结、得出结论五个方面构成。但现实中许多同学的论文就是简单的背景、过程、意义的三段式结构,全文以史实的还原与叙述为主,分析与论证的环节严重缺失。这样一种仅仅基于背景、过程和意义的描述性研究,缺乏对现象深层次原因的探讨和对结果影响的批判性评估,并不能为学术界提供新的见解或理论贡献,因此毫无创新性可言。当然造成这一问题的原因与作者缺乏深度的问题意识,对前人的研究成果和现存的研究空白缺乏深度认识,因而难以建构出具有分析性的研究问题存在密切联系。

第二,分析与论证要有层次感。每篇论文只有一个核心论点,研究者需要从不同层面进行论证。表述的层次与顺序非常重要。研究者要做好章、节、段的层次划分,努力做到层次清晰。关于正文标题的层级:通常学术期刊论文使用"一、(一)、1、(1)",世界史学位论文使用"第一章、第一节、一、(一)、1、(1)"的样式。在这方面,常见的问题有两种:一是论文层级和标题序号层级混乱。二是滥用"格式化"标题。在正文写作中,标题层级不宜过多、过于细致。许多硕博士生和青年学者的论文中往往就会出现这种情况。为了体现文章的逻辑与结构,整篇文章充斥着一、(一)、1、(1)、第一、第二……这类人为制造叙述逻辑的序号(特别是每个部分内容还比较短、叙述简单),由此历史学文章本应具有的历史感与历史事件发生的复杂性被"阉割",成为一篇"格式化"公文或研究报告。

第三,论证应具有缜密性。研究者在论证过程中章、节、段、句安排要符合逻辑顺序,层层递进,努力做到全文主题明确、中心突出、脉络清晰、层次分明、过渡自然,达到结构严谨的要求。正文应围绕核心问题分章,每一章具有服务于全文核心论题的一个主题,为保持全文写作的有机连贯,章与章之间要有过渡和衔接,每章应有简短引言段,不必以"导论"形式出现,一个段落即可,表明本章中心意图,引入本章内容。此外,章与节之间、段与段之间、句与句之间在学理性层次方面要有缜密的逻辑联系,切忌"天马行空"。

各级标题都需要关键词,体现对应部分的研究问题。不同层级标题通常不宜直接并列,二者之间需要一个引言段。这方面常见问题在于章、节、段之间的逻辑不够突出,每一章起始处和不同层级标题之间缺少引言段。示例1就属于这种情况。其第一章与第一节之间直接并列,缺少一个全章的引言段。

示例1

第一章　内战后美国《南部农业宅地法》制定的背景
第一节　《南部宅地法》实施前黑人的农地制度
×××　×××　×××（正文）

第四,论证要具有科学性。学术论文的论证讲求客观、严谨与逻辑性。研究者在研究中不能带有个人好恶、主观臆断,应坚持一分资料说一分话、论从史出的原则,坚决避免以论代史,裁剪史学的情况。同时论证也应遵循逻辑原则,包括归纳推理和演绎推理。研究者需要清晰地展示从证据到结论的逻辑链条。

第五,论证讲求学理性。史学学术论文不是政治宣教文章,它属于人文社会科学研究范畴,具有高度的学理性。史学学术论文的写作应当以学术性和学理性为核心,讲求最大限度占有史料基础上,通过历史材料的深入挖掘、缜密的思考、严谨的论证得出合理的结论。历史论文中的每个论点都应通过逻辑推理和证据支持来建立,避免无根据的推测和主观臆断。因此正文的写作应避免出现大篇幅政治宣教的内容。

第六,论证要讲求逻辑性。即通常所说的文章内在的逻辑性。逻辑应体现于章与章之间,节与节之间、段与段之间,甚至句与句之间存在严密的逻辑。文章的结构应该是分层的,每一层次都有其独立的观点和证据,同时又与整体主题紧密相关。文章的各个部分应该紧密相连,形成一个整体。每个部分都应该为下一个部分做铺垫,使得整个文章的论点和论据相互支撑,形成一个连贯的论证链条。作者在写作过程中需要不断地质疑自己的表述逻辑是否严谨,上下文之间的联系是否连贯,反复予以推敲。

第七,文字表述要规范。文字表述的规范性是确保文章专业性和可读性的基础。一篇合格的史学论文文字表述应该做到以下六点:① 史学论文正文写作时应使用规范的学术语言,避免使用口语、俚语或非正式的表达方式。② 学术语言要求准确、客观、中立,能够清晰表达专业概念和理论。③ 遣词造句一定要准确、简洁。每个句子都应该直接表达一个观点或事实,避免冗长和复杂的句子结构。有的学生写出的一个句子竟然有十几行,甚至一整段就只有一个句号。通常一句话的长度最多保持一行半左右,有助于读者简单明了地阅读。④ 避免使用空话、白话、废话,文章中应避免无意义地填充词汇和重复的表述,每一句话都应有其存在的价值,为论证的主题服务。⑤ 避免使用病句、错句。文章中的句子应符合语法规则,避免出现语病或错误的句子结构。⑥ 避免错字、外文拼写错误和标点符号错误。这些基本的书写错误会降低文章的整体质量,影响读者的阅读体验。

示例2这段文字集中体现了学生在第五、六、七点基本要求上所犯的常见问题。括号中内容为本书编者所加。

示例2

在第二次世界大战后期,美国政府开始规划战后势力范围,(应该是句号)罗斯福(Franklin D. Roosevelt)希望中美的同盟可以在战后继续下去,把中国作为美国在亚洲的势力范围,雅尔塔协定也是在这样的大格局下签订的。(句子过长、一句话存在不同的主语)美国支持蒋介石政府,蒋介石接受美国的援助,支持美国在亚洲实施的政策。(句子口语化太明显)中国内战期间,"中国共产党把美国当作主要的敌人,以这种方式,东亚冷战的未来模式开始出现。"(缺少注释,而且这段引文与前后句子的逻辑关系不明显)1948年以后,美国意识到国民党的败局是不可挽回的,而中国共产党希望在与国民党的斗争中中立美国的政策没有实现,不可避免地与美国进行对抗。(句子表达不规范,一句话存在不同的主语,属于病句)随后美国尽可能地限制中国共产党,阻挠中国的解放,外交上不承认中华人民共和国,经济上进行压制。(语言属于白话)

……

朝鲜战争的爆发是美国改变对台政策的重要事件,(这里应该用句号)冷战伊始,欧洲局势平稳,冷战的焦点集中在亚洲,美国为了开展和维持在东亚和东南亚的霸权战略,显示出在该地区的威信影响力,在朝鲜战场和台湾地区将会采取强硬政策。(表达不准确,语言学术性不够规范)1950年6月27日美国总统杜鲁门将第七舰队进驻台湾海峡(语言搭配不合理),阻止中国大陆与台湾地区发生军事冲突,同时,美国政府加强对台湾地区的援助,美国国防部长约翰逊提议给予军用物资,支持台湾地区周边的防卫,1950年7月杜鲁门派遣麦克阿瑟调查国民党军队的防卫需求,根据需求给予支持。(句子太长)随着朝鲜战争的升级,美国对台湾地区的政策渐渐明朗,1951年5月出台《美国在亚洲的目标、政策和行动方针》文件,继续向台湾地区提供经济和军事援助,提高国民党的威望和影响。(总体上句子与句子之间缺少严密的逻辑性)

第八,文字表达要准确、连贯。其中每个自然段都要有主题句,每个自然段的开头应设置一个主题句,简明扼要地概括该段的核心论点。主题句有助于引导读者理解段落的主旨,增强文章的逻辑性和条理性。文字书写不要模棱两可、句意不明。尤其忌讳在写作时出现话题、思维的"跳跃"。

第九,正文书写要有鲜明的问题意识。在撰写史学学术文章时,确保问题意识是至关重要的。文章应围绕一个或几个明确的研究问题展开,这些问题应是文章讨论的核心,贯穿始终。史学论文正文书写中常见的问题包括:① 过于追求历史细节的叙述,史料堆砌严重。历史背景和细节支持对研究问题的理解,但不应成为文章的主要内容。历史细节描述应当服务于研究问题的深入探讨。学术文章是写给学界同行看的,其目的在于在学术共同体内部开展学术交流、促进知识生产,因此,不可写成维基百科或者教科书式的文

字,也不可写成通俗读物或过于追求历史细节描述的叙事本末体。② 论文书写缺乏明确的层次和逻辑性。各部分内容之间没有紧密联系,无法共同支撑主题论点。③ 标题缺乏关键词,看不到对应部分的研究问题。标题无法准确反映相应部分的研究焦点,无法使读者能快速把握研究的核心内容。④ 正文结构过于简单。不少同学经常使用"背景、过程(历史考察)或内容、意义(结果)"的"三段式"结构。虽然背景、过程/历史考察、内容/结果、意义的结构可以提供一定的组织框架,但学术文章应追求更复杂和精细的结构安排,以充分展现研究的深度和广度。

例如,示例3与4是两位同学的硕士论文结构框架(目录),就集中体现了结构过于简单这一问题。

示例3

论文题目:继续做个"英国人":阿根廷英国移民身份认同保持的文化原因——以布宜诺斯艾利斯《标准报》为中心(1880—1897)

绪论

一、研究缘起和意义

二、学术综述

三、研究内容史料运用

第一章 "欧洲移民浪潮"中的英国移民

一、19世纪下半叶来阿英国移民族群简介

二、英国移民"文化飞地"的建立

三、《标准报》的英阿时代背景

第二章 《标准报》中涉英内容

一、涉及英国羊毛进出口贸易的介绍

二、涉及英国殖民地印度、中国的介绍

第三章 《标准报》中涉阿内容

一、阿根廷"新教学校"的情况介绍

二、在阿英国移民的移民情况介绍

三、英国人举办体育活动的介绍

结语

示例 4

论文题目：英国埃塞克斯郡警务改革研究（1830—1860）

绪论

一、选题背景及意义

二、核心概念界定

三、研究综述

四、研究思路及研究资料

第一章　埃塞克斯警务改革的背景

第一节　警务改革前的埃塞克斯社会

第二节　中央警务改革法令概述

第二章　郡警务改革历程

第一节　领薪治安制度试验（1830.1—1839.8）

第二节　警察制度的建立和发展（1839.9—1860.12）

第三章　自治市的警务改革历程

第一节　自治市警察制度的建立和发展（1835.9—1856.5）

第二节　自治市警察力量的独立与合并（1856.6—1860.12）

第四章　埃塞克斯警务改革产生的影响

第一节　对本郡的影响

第二节　对全国的影响

结语

第十，文章中要谨慎使用主观判断性语句。对于重要的判断性语句，如涉及文章主要观点、主旨或与文章讨论问题存在重要关联，一定要提供相应的档案材料作为证据支撑，以增强论点的可信度与说服力。

第十一,文章书写要遵守格式规范。这些规范包括注释、符号、数字、图表、参考文献(仅适用于学位论文和专著)的书写规范等。这部分内容参见本书"附录1　世界史学术论文版式书写规范"。

七、结论

结论或称结束语、结语,是论文重要组成部分,也是衡量一篇文章是否具有创新性与学术价值的重要内容。结论部分是整篇文章的核心,它是对导言中提出的研究问题做出的呼应,也是对整个文章主要观点总结与升华。除了需要准确、完整、精练地总结文章主要观点以外,结论通常还需要并在此基础上提出更加深层次的问题激发读者进一步思考。世界史学术期刊论文与世界史学位论文的结论书写规范与构成都是相同的,但是后者在篇幅上要更长。世界史学位论文的结论与其正文各章实际上属于并列关系。

(一)结论部分的基本构成

(1)归纳、概括文章主要观点。结论部分应该对文章的主要观点进行归纳和概括。这意味着作者需要简洁明了地重述研究问题、主要观点,确保读者能够清晰地理解文章的核心内容。

(2)从学理上提出与该论文研究问题密切相关、更加深层次的理论与现实问题,引发读者深入思考。结论部分还应该从学理上提出与论文研究问题密切相关的更深层次的理论和现实问题。这不仅可以引发读者的深入思考,还可以将研究放在更广阔的学术背景中,展示其学术价值和实际意义。

(二)怎么写结论

(1)从宏观上对论文进行观点性的总结。结论不是研究成果的简单重复,而是对研究结果更深一步的认识,是从正文部分的全部内容出发,并涉及引言的部分内容,经过判断、归纳、推理等过程,将研究结果概括成新的总体观点。

(2)总结研究成果时必须与该项研究的问题联系起来。应提供明确、具体的定性和定量的信息,对要点应具体表述,不能用抽象和笼统的语言,结论一定要言之有物。

(3)在总结全文观点的基础上,进一步提出该论文研究问题带来的启示与有待进一步深入研究的问题，或是提出科学的预测，引发读者深入思考。

（三）写结论容易出现的问题

（1）虎头蛇尾。这指的是论文在开头部分提出了宏伟的研究目标和详尽的文献回顾，但在结论部分却未能有效收尾。甚至论文可能会在论证完毕后突然结束，没有明确的结束语，使读者感到困惑和不满。

（2）缺乏深度总结。结论部分应该对文章的主要观点和研究结果进行总结，但有时作者可能会忽略这一点，而是直接转向对更广泛议题的讨论，从而没有体现出结语的作用。这种偏离主题的升华可能会使读者难以把握文章的核心论点。

（3）对前面的研究泛泛而谈。在结论部分，有些作者可能会对前文的研究进行过于笼统的回顾，没有将讨论集中到文章的核心观点上。这可能会导致结论显得平淡无奇，缺乏深度和针对性。

（4）结论过于简单，没有意义。有些作者的结论可能过于简洁，以至于没有提供足够的信息来支持文章的主要论点。这样的结论可能会让读者感到不满意，因为它们没有为读者提供足够的思考空间或对未来研究的指导。

示例1是一段比较规范的学术期刊论文的结论。括号内的分析内容为本书作者所加。其中第一段是对全文观点的总结。

示例1

论文题目：失去的机会：1866年《南部宅地法》与黑人获取土地的失败

1866年《南部宅地法》为获得人身解放的400多万南部黑人申请并获得免费的公地创造了相对有利的条件，但是大多数黑人由于深陷贫困，根本无力支付申请并开垦宅地满5年的各项支出，因此，始终难以利用这些有利条件实现获得土地的梦想。乡村商人与种植园主的借贷剥削是广大黑人长期陷入贫困的深层次原因。共和党人控制下的联邦政府(包括共和党激进派议员)大多只看到广大黑人对获得土地的深切渴望，并致力于推动《南部宅地法》的制定与实施，却并没有意识到《南部宅地法》提供免费土地与大多数黑人最终能否真正获得土地是完全不同的两回事,更没有认识到借贷问题对内战后南部黑人实现经济独立的重要性,因而并没有为他们提供相应的借贷扶持。这使得南部大多数黑人并没有能够利用《南部宅地法》赋予的有利条件申请并获得免费的公地。这是1866年《南部宅地法》始终未能解决黑人土地问题的一个深层次原因。(总结)

这一结论给予我们一项重要启示:在欠发达社会由政府主导的土地改革中,为无地的农民提供免费土地或创造获取免费土地的便利条件与农民最终能否真正获得这些土地往往并不存在直接的因果关系。虽然由政府主导的土地改革中,最核心的问题当然是实现"耕者有其田",或者更为激进地造就"起点的平等"——土地所有权的平等再分配,然而,与此同时,为获得土地的农民提供信贷、销售等配套改革同样是一个可以决定土地改革成败的重要问题。这是因为,土地改革后,新独立的农民大多失去了传统的信贷(借贷)与销售来源,缺乏自主经营农业的经验,如果政府及相关机构不能在这方面承担起相应的责任,那么追求利润的非正规信贷力量(如地主、民间高利贷商人)一旦介入并垄断了农村信贷市场,必然会造成脆弱的农民再次陷入贫困与债务的恶性循环,进而最终失去所获得的土地产权或者始终难以利用政府创造的获取免费土地的便利条件。从这个意义上说,在欠发达社会的土地改革中,通过土地所有权再分配实现的"耕者有其田"或"起点的平等",必须通过其他一揽子配套的保护性政策予以支撑。其中,农民的借贷问题实际上是决定"耕者有其田"是否能最终实现的重要因素之一。(升华与启示)

八、文献与史料引用

(一)如何引用文献与史料

在撰写学术论文时,引用文献和史料的应该遵循以下四项原则。

(1)目的性:引用文献和史料的目的是支持和论证文章的研究观点,而不是简单地展示作者阅读过的材料。因此,每次引用都应该有明确的目的,比如证明一个论点、提供一个重要史实、展示一个趋势等。

（2）相关性：文献和史料的引用必须与论文的主题紧密相关。这意味着所选材料应直接支持论文的论点，而不是偏离主题或仅仅因为材料容易获得就使用它们。

（3）选择性：在大量的文献和史料中，作者应该引用最具有说服力的核心史料来支持自己的观点，而不是所有的材料都是同等重要的。因此，必须学会筛选那些最能说明问题的文献和史料。

（4）整合性：引用文献和史料，应始终注意对文献和史料的深入分析和批判性思考，解释这些材料如何支持自己的论点，而不是单纯地引用。史料应有效融入论文的叙述中，使其成为论证的一部分，而不是孤立地存在。

（二）引用史料应注意的事项

1. **切忌堆砌档案文献与史料**

使用文献与史料的价值在于体现论文的研究深度和严谨性，文献、史料与论文的观点要高度关联，而不是为文献而文献。这一问题在世界史的初学者文章中经常出现，许多学生在论文中往往不舍得放弃自己辛苦搜集的史料，或者为了增加篇幅而堆积史料。

2. **一定要查实文献与史料来源后再使用**

一定要去查找文献与史料的源头，如果是经典著作的文献，就更加需要去阅读和查对。切勿想当然地使用文献。包括弄错出版时间、引用内容错误、页码错误、作者和译者错误等。这些会导致论文出现严重的硬伤。

3. **尽量少引用常识类网络文献**

这类网络文献通常不具备经过严格论证的学术观点。特别是不能主要依靠网络文献来支撑学术论文。这里的网络文献不是指正规数据库的文献和通过网络发布的一些权威机构的统计数据等，而是指百度百科、维基百科类的网络文献。而权威机构的网站、权威学术机构的学术网站、国际知名的研究机构网站等，这些网络文献在大数据时代已经成为世界史研究的重要资料来源。

（三）档案资料的直接引用与间接引用

历史学研究中需要直接或者间接引用相关的档案资料。不少学生对于直接引用和间接引用的区别与用法并没有掌握。甚至不少世界史博士论文中也会出现这样的问题。直接引用指逐字逐句、一字不差、一字不漏地引用,通常需要采用引号标示。双引号表示直接引语,单引号只用来标注引语中的引语。间接引用是不引用档案的原文,而是用最恰当的词句以释义(paraphrase)和概括(summarize)的方式援引所引档案的概念、观点和表达。这种引用不能用引号标示。

直接引用与间接注意事项:

第一,无论是直接引用还是间接引用都要引用能够证明观点的"核心档案内容",而不能为了使用档案而随意使用"无关引文"。档案的引用要摘取核心档案,紧紧围绕文章要论证的问题与观点。不要把文章的观点湮没在引用的无关档案与历史细节之中。

第二,无论是直接引用还是间接引用他人观点、方案、资料、数据、图片等,无论是否公开出版,都需要使用注释标注文献出处。不标明出处或者错误标明出处均属于学术不端行为。

第三,引用外文文献时,无论是直接引用还是间接引用,一定要注意符合中文表达习惯,并与文章前后有效衔接。

第四,重要的数据,无论是出自一手档案还是二手档案,通常使用间接引用的方式,但务必保证数据的准确性。

第五,引用别人观点时,使用直接引用和间接引用都可以。如果觉得间接引用降低了原文的效果和力量,那么就需要使用直接引用的方式。

第六,常识性的史实、一般性知识通常没有必要使用直接引用或间接引用。如果一些重要的史实和数据确实需要引用的话尽量使用间接引用方式。例如,示例1出自一位世界史专业同学的硕士论文,这种情况实际上就不应该使用直接引用方式,而是可以通过重新概述文字选择间接引用方式。

示例 1

根据统计,到1900年,美国至少有1 223个市场营销和农业供应合作社。"1913年美国农业部市场和农村组织办公室对农民合作社进行了第一次全国性调查,调查时间为1913年至1915年。该部最初收到3 099个合作社的报告,估计业务量为3.1亿美元。在消除重复和非合作社之后,最后的统计表显示有5 424个合作社。据估计,这些合作社有651 186个成员,总业务量约为6.36亿美元。"

第七,直接引用的引文要简短(通常为1—3行左右),要避免过度引用。引用篇幅较大时,通常采用间接引用的方式用自己的语言描述,切忌文中大篇幅直接引用,堆砌文献。如果文中确有个别之处真的有必要大段直接引用,可以变换为楷体字置于正文中。如果直接引文为成篇引用,篇幅过长,可以把引文放到附录部分,并在文中说明。

例如,示例2这段文字来自一位同学的论文初稿正文。从其中直接引文的表述来看,很明显应该是作者自己概括的间接引用,但是作者却使用了直接引用的方式。这就是没有区分直接引用和间接引用的区别。此外,引文除了文字写作不规范以外,也不符合中文表达习惯,没有有效与前后文衔接。

示例2

从已解密的档案来看,美国情报机构从1950年就对中国的军队、对台湾地区的意图进行了一系列的分析评估。1950年国务院关于中国大陆攻占台湾地区的可能性的分析,"对比了中国共产党军队的力量和国民党人的力量,认为中国共产党掌握主动权,虽然国民党军队可以确保开展成功的防御战,但共产党军队士气高昂,捷报连连,另外还拥有数以百计的帆船有能力击透国民党的防御圈,情报估计,如果不考虑运用美国海军部队的力量,中国共产党人拥有攻占台湾地区的力量。做出估计,除非美国海军力量进驻台湾水域,否则中国共产党人的军队有能力尽早对台湾地区发起攻击"。

示例3这段文字同样来自上面这篇论文。从这段文字的第一处直接引文里看,由于引文只是一个事实,而且并非用于证明本段观点的"核心档案",因此此类引用使用间接引用的方式较妥。

示例 3

　　面对共产党军队炮击金门,美国政府参照 9 月 4 日中情局的情报分析,迅速采取措施。"9 月 5 日,美国把第七舰队的 3 艘航空母舰、1 艘巡洋舰和 3 个驱逐舰派遣在台湾海峡巡逻,巡逻的范围距离金门只有几英里。"面对在台湾海峡上巡逻的美国舰队,中国政府采取了小心谨慎的态度。美国中情局对中国沿海岛屿局势进行了分析,"中国采取炮击金门的时机,是为了影响将中国排除在外的《东南亚集体防务条约》,同时也是为了观察美国对台湾地区沿海岛屿防卫的意图,另外指出国民党在厦门地区的不断侵扰会增加中国共产党对金门的报复行为,使中国共产党更有可能增加对大陈岛和马祖岛的冒险行动"。

九、注释

一般而言,注释功能包括以下四个方面:

(1) 交代论文章节曾经发表情况,得到项目课题立项支持,以及对论文写作过程中得到的帮助表示感谢。这类情况通常采用题目脚注的方式,基本形式是在题目之后加一个脚注(有时序号也可以改为＊),篇幅通常为 1—2 句话。例如,发表在《美国研究》的《越战时期美国与盟国的信任危机——以约翰逊政府的"更多旗帜"计划为例》一文的题目脚注为:"本文是'上海高校一流学科(B 类)'上海大学世界史学科建设项目的阶段性成果。匿名审稿专家、《美国研究》编辑老师对拙文提出了富有建设性的修改意见,谨致谢忱。文中可能出现的错漏由笔者负责。"

(2) 对于正文中所陈述的事实、核心论点或所引述核心档案和数据,说明资料来源。

(3) 作为交互参照,指引读者参考论文中其他有关部分。

(4) 当作者认为应当对正文中所提到的资料或讨论的议题、基本概念,做进一步的附带说明、界定、评论或延伸，而又担心在正文中提及会影响行文顺畅，或是打断读者的思路时，就可以利用注释来加以阐释。

目前学术期刊中最为常见的注释的分为脚注与尾注两种形式，就中文历史类学术期刊和学位论文而言，页下脚注是使用最为普遍的注释形式。

注释最为常见的错误是做假注、伪注，或者引用别人的成果却根本不做注释。这样的做法已经属于学术不端行为，违反学术道德规范。

关于世界史学术期刊与学位论文最常见的注释规范，参见"附录1 世界史学术论文版式书写规范"中的"一、注释书写规范"。

十、参考文献

参考文献通常是指在撰写论文或专著的过程中对论文形成起到重要支撑作用的档案资料、图书、文章等文献资料。论文或专著中引用的文献可以作为参考文献的核心内容，但除了这些内容以外，其他在写作过程中对论文或专著的成型起到重要启发或辅助作用的资料也可以出现在论文或专著的参考文献中。

需要注意的是，与注释中的外文献作者"名前姓后"的书写方式不同，外文参考文献中作者遵循"姓前名后"的书写方式。参考文献的排列顺序按责任者姓氏的音序编排，英文（其他文种根据该文种语言习惯著录）则依责任者姓氏字母音序编排。同一责任者有多部参考作品，可按出版时间的先后顺序编排在该责任者名下。

十一、后记

后记通常是学位论文或专著的最后一部分，是对学位论文或专著写作过程中作者心路历程的书写和对得到的帮助表示感谢的部分。与学术论文高度强调专业性相比，后记通常允许更多个人化的情感表达，但应始终保持真诚和谦恭的态度。

后记的书写没有特别的要求，通常可以考虑以下五个方面。

（1）写作初衷和目标：简要叙述自己开启这项研究和写作的目标，以及在研究过程中如何实现这些目标。

（2）回顾研究的心路历程：概述自己在研究过程中遇到的各种困难和挑战以及如何克服与应对这些困难与挑战的历程，实现自己的学术追求。

（3）个人成长与收获：概述自己在研究过程中个人技能、知识、思维等方面的成长和变化，以及这些变化对个人未来学术生涯的意义。

（4）感谢致辞：对指导教师、同行专家、研究团队成员、资助机构、家人和朋友等在研究和写作过程中给予的帮助和支持表达感激之情。

（5）研究局限与展望：承认研究的局限性，并对未来的研究方向或可能的延伸工作提出展望。

十二、论文的校对、查证与修改

论文全部完成后，作者应对论文进行校对、查证与修改。特别是文章修改环节，建议作者可以将论文初步修改后放置一段时间后再反复阅读、思考和修改。这样可以更充分发现论文的各种问题。

（一）论文校对内容

论文校对内容通常包括以下九点：

（1）文字错漏：这包括错别字、打字错误、多字或漏字等问题。这些错误可能会影响读者对文章内容的理解，因此需要仔细检查并纠正。

（2）词语使用：错误的词语使用或不恰当的词汇选择也会影响文章的清晰度和专业性。校对时应确保所有词语都是准确无误的。

（3）语法错误：语法错误会降低论文的整体质量，校对时要注意句子结构是否正确，时态和语态是否一致。

（4）数字错误：论文中的数字必须准确无误，包括统计数据、数学公式、图表中的数据等。任何数字错误都可能导致严重的后果。

（5）标点错误：错误的标点符号使用会导致误解，校对时要确保标点符号的正确使用，以帮助读者正确理解句子的含义。

（6）体例规范：这包括参考文献格式的统一性、完整性，以及图表和标题的格式是否符合学术规范。不一致的格式可能会给读者造成困惑。

（7）引用出处：确保所有引用的资料都已正确标注来源。

（8）组织结构：校对还应包括对论文组织结构的检查，确保每个段落的内容逻辑清晰,细节得当,有助于论述主题。

(9)政治敏感性:在学术论文中,尤其要注意政治敏感性问题,如涉港澳台地区的用语是否规范等。

(二)查证与修改

论文查证与修改环节主要包括以下三个方面。

第一,对文章的总体结构反复斟酌,检查各部分之间是否存在严密逻辑性。写作是一个反复修订的过程,需要作者不断地回顾和修改文章,直到所有部分都紧密相连,逻辑清晰为止。

第二,对文章各部分标题进行斟酌,看其是否具备提示各部分研究问题的关键词。同时需要确保整篇文章各部分围绕一个清晰的主题展开,每个部分都支持文章的中心论点。

第三,对文章遣词造句进行斟酌,特别是对于能够体现文章核心问题和观点的摘要、结论,以及其他文字仔细斟酌。确保每个章、节、段之间有恰当的过渡段落或句子,使读者能够理解不同部分之间的联系。每个段落应该围绕一个中心思想展开,确保段落之间的过渡自然流畅,每个段落的结尾可以为下一个段落做铺垫。

本章推荐阅读文献

1. 王晴佳:《为什么论文写作会成为一个问题》,《抗日战争研究》2020年第2期。

2. 王笛:《文字表达与学术写作》,《抗日战争研究》2020年第2期。

3. 桑兵:《如何提升史学论文的文字表现力》,《抗日战争研究》2020年第2期。

4. 吴志军:《从编辑视角初议学术论文的写作问题》,《抗日战争研究》2020年第2期。

5. 罗志田:《文如其事则雅俗皆宜》,《抗日战争研究》2020年第2期。

6. 韩东育:《作者的学养与编辑的修为》,《抗日战争研究》2020年第2期。

7. 钟边言:《关于目前当代中国外交史来稿中的一些突出问题和不足》,《中共党史研究》2020年第4期。

第五章
世界史学术论文的投稿与发表

对于世界史研究者而言,撰写学术论文的目的在于增进学术圈对于某一问题的认识,而其前提在于顺利发表。学术论文发表是学术研究中的一个重要环节,它对于学者的职业生涯、学术成果的传播以及科学知识的积累都具有重要意义。在当前的学术环境下,学术论文的投稿与发表是一个竞争激烈的过程,作者在投稿后极大概率会遇到拒稿、修改等情况。对于世界史学科而言,由于专业期刊数量极其有限,学术发表的竞争异常"惨烈",特别是许多高校对于硕士生和博士生毕业制定了硬性发表数量与期刊等级要求,因此,掌握世界史学术论文投稿与发表的流程与技巧对于每一名立志于从事世界史研究的学生就显得尤为重要。

一、世界史学术论文的投稿刊物

国内学术期刊大致可以分为专业期刊、综合期刊、高校学报三种类型。其中专业期刊通常以学科专业作为选题、选稿标准,集中发表某一特定学科或领域内的研究成果,因而带有鲜明的学科性。每本专业刊物都有自己独特的专业取向和文章定位,其所发表的文章通常代表了该学科的最高水平。综合期刊多具有属地特性,每个省至少都有一两本比较好的综合期刊(如《××社会科学》)。整本刊物按照学科分为若干栏目,每个学科相对独立。相比于专业期刊,综合刊物的选题策划是一大亮点。这类期刊的选题策划主要考虑:时政考量、社会热点和学科视角。高校学报是由全国各地高等院校主办的学术刊物(如《××大学学报》),实际也属于综合性刊物。这类刊物多依托本校的优长学科展开选题策划。其中入选教育部名刊工程的大学学报通常具有较高学术水准。除了上述三种学术期刊之外,还有一种特殊的学术发表载体——学术集刊。学术集刊也被称为辑刊或丛刊,它们通常是成套的学术论文集,由高校和科研院所等学术机构编辑出版。这些集刊没有期刊号,但拥有国际标准书号(ISBN),以书的形式代替传统期刊。学术集刊的编辑单位多为高校和科研院所,编者学术素养高,论文质量好,具有较强的学术辐射力和带动效应。近年来随着学术研究的不断深入,各种专业的学术集刊得到迅速发展,其学术水平与文章质量提升迅速,成为学术发表的重要组成载体。然而,尽管学术集刊在学术界有着不可忽视的地位,但它们仍面临着提升编校流程和刊文质量的挑战,以摆脱作为"学术期刊的重要补充"的尴尬定位。特别是由于没有进入 CSSCI 学术集刊体系并未得到高校学术评价体系的承认。

专业的历史学术期刊对于世界史研究领域的学者来说是至关重要的,它们不仅是学术交流的平台,也是研究成果得到认可和传播的重要途径。以下是能发表世界史文章的主要学术刊物。

《历史研究》:由中国社会科学院主管、中国社会科学院主办的历史专业学术性刊物,中国历史学科的顶级期刊。该刊刊登中国史学界研究成果、史学研究评价,报道史学研究动态内容,涉及中国古代史、近代史、现代史及世界史等方面的研究。在国际史学界有重要影响。投稿网站(邮箱):http://lsyj.ajcass.org/Admin。

《中国历史研究院集刊》:作为中国历史研究院的官方刊物,突出原创性、厚重性、系统性和思想性,重点收录史学理论和史学史、中国史、世界史、考古学等领域优秀学术成果,特别是发表学术期刊无法承载的长篇文章。投稿网站(邮箱):lsyjyjk@126.com。

《历史评论》:由中国历史研究院主办的历史学术期刊,着力于对重大历史问题的评论,对历史难题的辨析,突出思想性、争鸣性和引领性,提倡不同学术观点在平等而又说理充分的基础上交锋交流。投稿网站(邮箱):historicalreview@126.com。

《世界历史》:由中国社会科学院世界历史研究所主办的世界史专业期刊,设有国别史、地区史、断代史和专门史专栏、主题笔谈、史学理论、学术史、研究述评、读史札记、学界动态、书评、书讯等栏目。同时也接受有关中外交流史和中外历史比较的专题论文。投稿方式是其官方网站在线投稿,投稿网站(邮箱):http://sjlsbjb.ajcass.org。

《史学理论研究》:中国社会科学院历史研究所主办的历史学学术性刊物,以研究国内外史学发展为主,报道国内外史学发展状况和趋势,设有圆桌会议、马克思主义史学研究、专题研究、历史学家、理论沙龙、会议综述、学术信息等栏目。投稿网站(邮箱):http://sxllyj.ajcass.org。

《史学月刊》:由河南大学、河南省历史学会主办的历史学专业刊物,主要栏目有史学理论、史学评论、社会史、城市史、乡村史、生态环境史、文化史、学术史、电脑与史学应用、新资料的发掘与研究等。投稿网站(邮箱):http://sxyk.henu.edu.cn。

《史林》:由上海社会科学院历史研究所主办的学术期刊。主要栏目有古代史研究、近现代史研究、世界史研究、城市史研究、社会史研究、书评、史林拾叶等。投稿网站(邮箱):http://lwbi.cbpt.cnki.net/wkg/WebPublication/index.aspx?mid=lwbi。

《史学集刊》:由吉林大学主办的文史哲综合类学术期刊,主要栏目以"中国史研究"和"世界史研究"为主,辅以"史学理论与史学史""区域史研究""外稿特译""学术前沿""学术争鸣""跨学科研究""博士论坛"等。投稿网站(邮箱):https://shxz.cbpt.cnki.net/WKG/WebPublication/index.aspx?mid=shxz。

《经济社会史评论》:由天津师范大学主办的历史学期刊,全面覆盖世界历史,兼顾中国史;注重长时段的和整合的历史研究,注重多角度地诠释历史与现实的关系。投稿网站(邮箱):jjshspl@163.com。

《安徽史学》:由安徽省社会科学院主办的历史学刊物,虽然侧重于安徽地方史相关历史问题研究,但也偶尔发表世界史学术论文。投稿网站(邮箱):http://www.ahshixue.cn/default.aspx。

《历史教学》(高校版):主要为高等院校历史教学服务,刊发具有原创性的专题学术论文,以及反映高校历史教学改革的文章。专题研究主要栏目有:特约专稿、史学理论、中国史研究、世界史研究、党史研究等。投稿网站

第五章 世界史学术论文的投稿与发表

（邮箱）：xsb07@126.com。

《历史教学问题》：由华东师范大学主办、华东师范大学历史系承办的历史学期刊，主要服务对象为历史研究和历史教学工作者、历史爱好者等。主要栏目有：特约专稿、专题研究、中国史研究、世界史研究、历史教育教学研究、新史料等。投稿网站(邮箱)：lsjx@history.ecnu.edu.cn。

除此之外，根据研究的区域国别与研究问题类型，部分法政类与专业期刊如《美国研究》《欧洲研究》《中东研究》《阿拉伯研究》《非洲研究》《外国问题研究》《世界民族》《民族研究》《军事历史研究》《中共党史研究》《当代中国史研究》《世界宗教文化》《世界宗教研究》《中国农史》等刊物也偶尔会发表世界史相关学术论文。

就综合期刊与高校期刊而言，目前能够发表历史类文章的刊物或者具有历史相关版块的刊物并不多，主要包括《山东社会科学》《社会科学在线》《贵州社会科学》《四川大学学报》《陕西师范大学学报》《清华大学学报》《北京大学学报》等刊物。这类刊物发表的历史类文章多以选题策划为主，主题多为中国史研究，也有少量世界史文章。

就学术集刊而言，目前可以发表世界史学术文章的主要是十种已经进入CSSCI集刊系列、学术水平和影响力相对较高的史学专业集刊。

《世界历史评论》：由上海师范大学主办的世界史学术季刊，投稿网站(邮箱)：worldhistoryr@163.com。

《北大史学》由北京大学历史学系主办的学术集刊。投稿网站（邮箱）：Beidashixue@163.com。

《南开史学》：由南开大学历史学系主办的学术集刊，主要栏目包括① 史学理论；② 中国史；③ 世界史(含欧洲史、美国史与拉美史、日本史、世界上古史等)；④ 历史地理；⑤ 科技史(含生态史、医疗史等)；⑥ 跨文化研究；⑦ 考古学与博物馆学；⑧ 书评及学术综述等。投稿网站（邮箱）：nksx1804@163.com。

《新史学》：由上海师范大学世界历史系主办的学术集刊，每辑设置一个主题，主题下面又设置诸多栏目，包括"史学史与史学理论""历史哲学""专题研究""书评""访谈""光启讲坛"等。投稿网站(邮箱)：ch68@shnu.edu.cn。

《全球史评论》：由首都师范大学全球史研究中心主办的学术集刊，主要发表介绍最新的全球史理论，揭示全球视野中不同文明之间的互动的学术文章。主要栏目为"论文"和"评论"。"论文"为原创性的全球史问题研讨，"评论"为某一问题的学术史述评或重要论著的深度评论。投稿网站（邮箱）：cnuglobalhistory@163.com。

《医疗社会史研究》：由上海大学历史系主办的学术辑刊，每年6月和12月各出一辑，设有"圆桌讨论""专题研究""档案文献""学术评论""学术书评"等栏目。投稿网站（邮箱）：jshm2016@126.com。

《冷战国际史研究》：由华东师范大学冷战国际史研究中心主办的学术集刊，以发表原始档案为基础，"立足中国探究冷战国际史、纵观冷战国际史关注中国"的各类学术文章为主。投稿网站（邮箱）：coldwarjournal@163.com。

《城市史研究》：由天津社会科学院历史研究所主办，主要发表中外城市史研究的稿件，涉及的内容包括城市政治、经济、文化、社会及与之相关的地理、建筑、规划等多学科和跨学科课题。投稿网站（邮箱）：zhanglimin417@sina.com，或 chengshishiyanjiu@163.com。

《海洋史研究》：由广东省社会科学院广东海洋史研究中心主办的学术辑刊，每年定期出版一辑至两辑，主要发表以中国华南区域与中国南海海域为重心，注重海洋社会经济史、海上丝绸之路史、东西方文化交流史、海洋信仰、海洋考古与海洋文化遗产等重大问题研究的学术论文。投稿网站（邮箱）：hysyj@aliyun.com。

《中东研究》：由西北大学中东研究所主办的学术辑刊，主要关注中东历史与现实中的重大问题，尤其是中东文明史、文明交往与互鉴、当代中东问题，以及中东环境、医疗社会史、城市史、史学史等研究领域的学术文章。投稿网站（邮箱）：https//zdwt.cbpt.cnki.net。

二、学术期刊审稿流程与标准

学术期刊的审稿流程和标准是确保学术论文质量和学术严谨性的重要环节。每一位作者向学术期刊投稿后，都要接受编辑部组织的审稿。只有通过这一流程并达到相应的标准后，学术文章最终才有可能得以发表。因此，了解期刊的审稿流程与标准对于每一位投稿者就显得尤为重要。

（一）学术期刊审稿流程

学术期刊的整个审稿流程通常包括编辑部初审、同行评审（peer review）和终审三个主要阶段。

1. 编辑部初审阶段

初审阶段是论文审稿流程中的第一步，它的目的是对稿件进行初步筛选，以判断文章是否符合期刊的范畴和格式要求。编辑部初审可以有效避免浪费审稿专家的时间和精力。在这个阶段，编辑部会进行以下五个方面的审查：

（1）检查论文是否符合期刊的宗旨和定位。这是确保论文内容与期刊的研究方向和读者群体相匹配的基本要求。

（2）格式审查：审定稿件本身的形式是否合乎期刊的出版形式，包括论文的结构、引用格式等是否符合规定的标准。这一步骤有助于保证论文的专业性。

（3）创新性和发表价值：评估论文是否具有创新性和发表价值，这是决定论文是否有资格进入同行评议的重要依据。

（4）政治要求：检查文稿内容是否符合国家法律法规，这是出版任何学术作品的基本前提。

（5）查重率：检查论文是否有抄袭现象，同类研究是否已经发表，这是为了防止学术不端行为，保证稿件的原创性。

2. 同行评审阶段

通过初审的稿件将进入同行评审阶段，这是学术审稿流程中最为关键的部分。同行评审通常由编辑部邀请相关领域的两名以上专家执行。对于投稿人与评审专家而言，这一流程通常是双向匿名的。评审专家会对论文的学术质量进行深入评估，特别是对文章选题价值、文稿结构、研究方法、文献征引、分析论证、语言表述等方面，就文稿的学术价值、学术创见以及存在的问题做出具体、详细的评价和说明，并提出明确的修改建议。这部分内容将由编辑部汇总后反馈给作者参考修改。在这里，作者有可能被要求根据评审意见进行多轮的修改。编者曾经担任多家世界史期刊的同行匿名评审专家。

示例1的外审意见是编者为某期刊的一篇题为《霍华德·津恩的"人民历史"及其影响》的投稿所写的外审意见,可以帮助世界史学生们了解同行评审主要关注的问题所在。

示例1

霍华德·津恩的"人民历史"及其影响

请从选题价值、文稿结构、研究方法、文献征引、分析论证、语言表述等方面,就文稿的学术价值、学术创见以及存在的问题做出具体、详细的评价和说明,并提出修改建议。本部分内容将反馈给作者参考。

1. 文稿的学术价值和学术创见

本文从20世纪70年代后美国史学趋势及其与美国社会相关联的视角下分析了美国新左派历史学家津恩的思想的形成、美国各界围绕津恩的"人民历史"的争论及其对美国史学和社会的影响等重大问题,而并非仅仅停留于津恩思想的介绍和简单评论。这是本文出彩和超出其他同类论文的地方。虽然津恩的"人民的历史"为学界所熟知,但是作者的分析视角非常新颖。文章论证结构安排比较合理,各部分之间逻辑紧密,环环相扣,在此基础上作者能够提出自己的观点与认知。此外,作者引用的文献材料也非常丰富,充分列举了美国历史学界、政界乃至公共舆论对于"人民历史"的评价。

2. 文稿存在的具体问题及修改建议

(1) 文章的摘要写法不够规范,应该更加简洁,突出文章的主要观点即可。

(2) 文章第二部分是学术界对津恩"人民历史"的争论,第三部分为公众舆论中的《人民史》,实际上在公众舆论中批评或支持津恩的依然有大批人来自学术界。所以这两部分可以添加一些过渡语言说明对津恩的"人民历史"影响已经超出了学术界,对其评价由学术界也转入了公众舆论。鉴于津恩的影响力,很多历史学家利用公众舆论支持或批评津恩。这样可以将第二、三部分的逻辑关系更加突出。

（3）文章中使用了一些概念如叙事主义、国家主义，作者应仔细对待这些概念的翻译，如确实如此翻译，应用注释的方式予以简单解释。

（4）文章有些地方表述不严谨，例如摘要说"20世纪70年代以来以'种族''性别''阶级'为核心的分析范畴开始主导美国当代史学"，正文中却说"60年代以后阶级、种族、性别这些分析范畴开始主导美国史学"，这样的问题应该尽量避免。

（5）文章篇幅有些过长，建议缩减至15 000字为宜。

3. 终审阶段

终审阶段是审稿流程中的最后一个环节，这一阶段主要是对修改后的稿件进行最终审查，以决定是否被录用。在作者根据评审专家做出修改并得到评审专家或编辑部的认可后，稿件将再次返回给编辑部，由主编或责任编辑进行最终审查。在这个阶段，编辑部可能会召开发稿会议，集体讨论审稿专家的意见和修改后文章的整体质量，综合考虑后做出是否录用的决定。虽然进入终审阶段意味着文章已经基本符合期刊要求，没有出现重大问题，但这并不意味着文章一定会被发表。终审阶段也存在少量退稿的情况。这可能会因为文章内容问题或期刊自身原因导致拒稿。如果作者的文章在之前修改过程中未能充分解决问题，也可能在终审阶段被拒绝录用。

（二）学术期刊审稿标准

期刊的审稿分为编辑部初审与同行评审两个环节。审稿标准都主要体现于选题、研究的理论与方法、论点和论证、资料、形式规范五个方面。可以说，如果一篇投稿的文章能够在这些方面达到标准，最终被录用的可能性就非常大。

（1）选题。这方面编辑部与同行评审考虑的问题主要集中在选题是否有新意、是否具有较高的学术价值和应用价值、是否与刊物的定位和宗旨相符等几个方面。这就要求文章的选题具有高度的问题意识，能够提出新的问题与观点、发现新的档案文献、探索未知的研究领域或对相关的理论提出挑战，进而激发学术界的兴趣、对现有的知识体系产生贡献，引发进一步的讨论和研究，推动学科领域的理论发展。此外，每一份学术期刊都有自己特定的研究范围、读者群和发布目标。作者在投稿前必须考虑这一点,以提高稿件被接受的可能性。

(2)研究理论与方法。这方面编辑部考虑的问题主要在于投稿的文章是否能够运用新的理论和方法来引领写作,进而在相关研究领域打开新的研究路径。

(3)论点和论证。这方面编辑部与外审专家主要考察的标准为文章论点是否明确完备,有说服力,文章的论证结构和层次是否逻辑严谨、脉络清晰、篇幅均衡。文章行文是否规范、语言表述是否通畅、具有逻辑性。其中文章各部分之间、论点与论据之间缺乏严密的逻辑关系是很多世界史研究的初学者撰写学术文章时经常犯的错误。

(4)资料。这方面编辑部与外审专家考察的标准在于文章使用的资料是否翔实可靠。对于历史学文章而言,编辑部尤其重视文章的立论是否是建立在丰富可靠的一手文献基础之上,以及史料的引用是否规范。这里需要强调指出的是无论编辑部初审还是同行评审,都十分忌讳史料基础薄弱,或者没有围绕中心观点随意堆积史料,以及过分解读引用史料的文章。

(5)形式规范。这方面编辑部与同行评审主要关注文献是否合理使用、引证标注是否符合规范等问题。这里需要高度重视的是投稿文章的注释规范。许多历史学研究生对于文章是否符合刊物的注释规范并不重视,为了省去麻烦,甚至认为可以待文章确定被录取后再按照刊物的要求修改注释规范。编者与多家史学刊物的编辑对这一问题进行了深入的沟通,这些刊物均十分看重投稿的注释著录格式是否符合刊物规范这一点,因为这反映了文章作者的治学态度是否严谨。

三、作者投稿前后的注意事项

作者在向学术期刊,特别是史学期刊投稿前必须要未雨绸缪,提前了解刊物的相关信息与要求,而在投稿后也要注意严格按照编辑部与同行评审专家的要求作出回应与修改。具体而言,需要注意以下三个事项。

第一,了解刊物的定位与投稿要求等信息,确定文章是否适合在刊物上发表。了解期刊的定位和投稿要求是论文写作和发表过程中的关键步骤。

在投稿前,作者应该对刊物近年来发表的文章题目、研究领域深入阅读,了解期刊的受众、涵盖的具体研究领域,确保自己的研究主题与刊物定位匹配。同时,投稿人应仔细阅读刊物的投稿要求或指南,明确刊物接受投稿的格式规范、字数限制、文章类型(例如,有的刊物可能只倾向于发表原创研究,而其他可能接受综述文章或者书评)、投稿方式(例如,有的刊物要求通过刊物Email投稿,有的刊物则需要通过刊物的投稿系统投稿)。最后,投稿人应事先了解刊物的审稿周期与发文周期,避免投稿后频繁催稿或者长时间焦急等待。通常而言,史学刊物的审稿周期一般在3个月左右,发文周期在1年以上(顶级刊物的发文周期甚至在2—3年以上)。下面附录了世界史刊物《世界历史》的投稿指南。

《世界历史》投稿指南

一、《世界历史》是中国社会科学院世界历史研究所主办的世界史专业期刊,设有国别史、地区史、断代史和专门史专栏、主题笔谈、史学理论、学术史、研究述评、读史札记、学界动态、书评、书讯等栏目。本刊同时欢迎惠赐有关中外交流史和中外历史比较的专题论文。

二、请作者严格遵守学术规范。凡文稿的核心观点和主要内容已在纸质和网络媒体上发表的,本刊不予刊用。对于每篇拟刊发稿件,编辑部将通过查重软件及其他方式进行认真细致的检查。一旦发现有抄袭(自我抄袭)、剽窃、过度引用、一稿多投等学术不端行为,编辑部将严肃查处。

三、专题论文要求在引言部分有相关学术史的评述,同时提供250—300字左右的内容摘要,并附相应的英语译文;会议报道稿件主要概述学术会议的讨论主题及代表性学术观点,字数控制在1 200字以内;会议报道应在会后一个月内发给本刊,超过规定时限的,本刊不予受理。

四、《世界历史》实行同行专家双向匿名审稿制度。为了便于审稿,请在专页上写明作者个人相关信息,其中包括姓名、职称、研究方向、最后学位取得院校、工作单位、通信地址、邮政编码、电话、电子信箱。稿件中不能出现能使审稿人直接判断作者身份的提法。

五、编辑部有权对来稿进行技术性修改和删除。如有异议,请在来稿中说明。

六、论文格式务请参照《世界历史》编辑技术规范处理,该规范详见《世界历史》编辑部网站。

七、编辑部要求作者对稿件进行修改的函件并不是稿件采用通知函,编辑部将根据修改质量决定是否采用。

八、本刊的审稿周期为确认收到稿件起的三个月之内。稿件寄出三个月后未收到修改或采用通知者,请来信查询或自行处理。稿件一经刊用,即寄送样刊和稿费。

九、凡本刊刊用的稿件,其作者著作权(含复制权、发行权、汇编权、翻译权以及信息网络传播权等)使用费由本刊以稿酬形式一次性给付,编辑部有权将上述权利转授给第三方使用。如作者有异议,请在来稿时声明。

十、欢迎作者把在《世界历史》所发论文的转载和获奖等情况及时反馈给编辑部。①

第二,信守学术道德,避免学术不端行为。投稿人在投稿前务必确定文章并不存在抄袭伪造、删改文献和数据、故意断章取义、不当署名、一个学术成果多篇发表、一稿多投等学术不端与违反学术道德行为。这是因为一旦这些行为被查出很有可能面临被编辑部列入黑名单,几年内拒绝接受投稿,甚至在编辑部网站曝光、通报投稿人单位等严厉惩罚措施,有可能断送投稿作者的学术声誉与前途。

示例 1

关于×××论文抄袭的公告

本刊近期接到读者举报,称×××的论文《1775 年法国大众新闻业的"投石党运动"》涉嫌抄袭。本刊对此进行认真调查和核实后,现将相

---

① 参见《世界历史》刊物官方网站,http://sjlsbjb.ajcass.org/Home/Show/?ChannelID=11733,浏览日期:2024 年 3 月 11 日。

关情况公告如下:

1. 论文《1775年法国大众新闻业的"投石党运动"》发表于《国际新闻界》2013年第7期,作者署名×××,刊时为××大学历史学系博士生。

2. 论文"'Frondeur' Journalism in the 1770s: Theater Criticism and Radical Polities in the Prerevolutionary French Press"发表于 *Eighteenth-Century Studies* 1984年第4期,作者署名为Nina R. Gelbart。

3. 本刊仔细对比以上两篇论文后,发现×××在其论文中大段翻译Gelbart的论文,直接采用Gelbart引用的文献作为注释。本刊已用黄色标注以下具体抄袭的内容,供读者甄别(略)。

4. 整于以上的调查结果,本刊认为×××的行为已构成严重抄袭。为了反对此类学术不端行为,本刊决定:

(1) 将×××论文抄袭情况公告于本刊网站,并通报于作者相关单位;

(2) 联系相关文献收录机构,删除×××该文的电子版;

(3) 五年内拒绝×××的投稿。

5. 此次抄袭事件警示本刊要不断完善评审工作。本刊为此工作疏漏向读者致以真诚的道歉!同时呼吁读者和我们共同抵制学术不端行为,遵守学术道德,追求学术创新。

《国际新闻界》编辑部
2014年8月17日[①]

第三,针对同行评审专家的建议,作出有针对性的回应和修改。投稿人收到同行专家的评审后,如果没有被建议退稿,就需要按照专家的建议作出认真回应与修改。除了个别极其优秀的稿件以外,绝大多数最终被录用发表的稿件都会收到同行评审专家的各种修改意见或批评疑问。针对这些修改建议、批评疑问,投稿人在认真修改的同时通常需要逐条作出回应。这里需

---

① 公告内容全文转引自《学术期刊曝光北大博士生大篇幅抄国外论文》,《澎湃新闻》2014年8月25日, https://m.thepaper.cn/kuaibao_detail.jsp?contid=1263267&from=kuaibao, 浏览日期: 2024年3月17日。

要注意的是,投稿人在作出回应时务必尊重外审专家的意见,始终保持专业与礼貌的态度,投稿人应对审稿专家的建议或批评表示感谢。如果同意评审者的建议,那么就详细说明自己做了哪些具体的修改。如果不同意或者无法进行修改,语气要委婉,同时提供充分的理由和科学依据来说明为什么无法做出审稿人建议的修改。除非万不得已,建议作者在回复中尽量不要去反驳或批评外审专家的意见。同时,作者还要注意文章修订和再次提交稿件的截止日期,确保自己有足够的时间来完成所有必要的工作。示例2是编者最终发表于《史学理论研究》2020年第5期的《当代中国史学界对唯物史观的理论认知与思考历程》一文在收到同行评审意见后,针对专家的意见提交给编辑部的修改说明,可以作为范例参考。

示例2

修 改 说 明

1. 本文已经按照专家学者的意见对时段划分依据做出说明,对"建国后"术语统一采用"新中国成立后"的说法。注释也按照刊物要求作出修改。

2. 对于有可能引发争议的"坚持各种观点多数与少数人说法"做出改用"一部分学者""另一部分学者"的说法。

3. 文章补充了"文革"部分的内容。但是由于"文革"时期史学研究陷于停滞,唯物史观理论被严重扭曲,这方面展开非常详细论述还存在较大困难,所以与文章其他部分相比这部分内容还是有些薄弱。国内史学界学者在梳理70年马克思主义史学历程时对"文革"时期内容通常也是数笔带过。

4. 本文按照专家要求进行了大篇幅内容压缩(压缩了近7 000字),但同时又按照专家要求补充了作者自己的评论与观点,所以目前字数还有17 000多字。由于本文前后延续70年,涉及问题众多,故很难再大篇幅压缩。

5. 本文按照专家建议补充了前人研究成果,突出强调了本文的创新在于完整全面梳理 70 年以来中国史学界对唯物史观的理论认知与思考历程。

6. 本文已经按照专家建议对不同时期各个问题的讨论提出自己的判断与见解。这部分内容已经在文中标黄。由于篇幅所限，这部分很难非常详细地展开。

7. 关于专家提出"五种社会形态"的定性问题，本文提出 1949 年至"文革"时期，国内盛行的是高度强调"五种社会形态"严格依次演进的苏联版"五种社会形态理论"，80 年代国内学者在继续沿用这一术语的同时实际上对于这种高度强调"五种社会形态"严格依次演进的苏联版"五种社会形态理论"做出重大理论纠正。这一点主要体现在他们在坚持这一理论代表了人类社会整体发展的普遍规律的同时，强调具体到个别国家与民族，允许出现一个或多个社会形态的跨越或缺失，从而使得这一理论的解释力能够充分涵盖历史发展的普遍与多样性。其后，不同时代这一理论都有所发展。从这一点而言，国内史学界倡导的"五种社会形态"理论是对唯物史观的重要发展。此外，"多线论"支持者则把具体的特殊情况作为社会形态演进的多种路径，包容在马克思根据生产力与人的个体发展而提出的"三形态"理论中，使之具有更为丰富的解释力。因此，国内学者提出的"五种社会形态"学说与"三形态"学说实际上殊途同归，分别从不同角度阐释唯物史观社会形态理论，都体现出中国史学界对唯物史观社会形态理论的深入思考与丰富发展。

本章推荐阅读文献

1. 胡小鹏：《谈史学编辑的审稿方法》，《编辑学刊》1999 年第 5 期。
2. 薛瑞泽：《论史学编辑的学术视野》，《焦作大学学报》2002 年第 1 期。
3. 王雪萍：《高校学报史学编辑工作再探》，《哈尔滨师范大学社会科学学报》2014 年第 3 期。

第六章
如何书写世界史书评与文献述评

作为两种基本的学术论文文体,学术书评是与文献述评是研究者综合学术信息并向读者有效传递的重要载体。对于一名历史学研究者而言,掌握专业的学术书评与文献综述的写作方法也是最基本的要求。然而,对于众多刚刚入门的历史学研究生而言,学术书评与文献综述的写作看似简单,实际上很多学生并没有掌握这两种文体正确的书写方法。因此,本章将深入介绍世界史学术书评与文献综述书写的格式、规范、步骤、框架与方法,以及评论的原则。

一、如何撰写世界史学术书评

学术书评是一种对学术专著的主要内容与观点进行介绍并加以评论的学术文体,也是研究者获得相关学术信息的重要途径之一。就专业的学术书评而言,书评撰写人选择评论的学术著作通常是近两年内出版的新书。书评撰写人应对所评论的学术专著研究的主题与领域有较为深入的了解,熟悉该领域内研究的主要论题与前沿动态。用一句话来讲,就是"专业的研究者评论专业的学术著作"。因为只有具备相关专业知识的研究者才能够真正理解学术著作中所涉及的理论、方法和研究成果,准确把握学术著作的价值和意义。通过与其他相关研究进行比较和对话,书评撰写人可以对著作中的观点进行更加全面的批判性思考,从而准确、客观、深入地分析和评价学术著作的创新性与学术贡献,以及不足和有待完善之处。

对于世界史专业的学生而言,写好一篇学术书评通常需要遵循以下五个步骤。

第一,深入学术著作,做好阅读笔记。深入阅读是撰写学术书评的基础。在阅读过程中,阅读重点应该首先放在引言、后记和结论部分,这是因为这几个部分通常包含了作者的写作意图、写作心路历程,以及著作的主要观点和问题的总结概括。其次是要反复阅读学术专著的核心精华部分。在阅读过程中,应详细做好阅读笔记。笔记的内容可以是摘抄体现专著核心要点或主要问题的重要原文(需标记页码,以便在撰写书评时引用),也可以是记录阅读过程中作者总结的要点,产生的心得、想法,以及形成的问题。在此过程中,书评作者需要坚持独立思考,理解学术著作的特点,努力解决以下五个问题:① 了解作者的写作意图与写作的心路历程。② 把握学术著作的整体框架、主要的讨论问题与核心论点;③ 理解与同类书籍或以往研究相比,全书的创新与主要贡献体现在哪些方面。这可能体现在作者提出新的理论视角、采用独到的研究方法或是对现有文献的重大补充和完善等方面。④ 分析全书使用的史料特点,有无创新性史料应用;⑤ 理解学术专著的研究目前存在的问题,未来有待进一步拓展的空间。

第二,初步确定书评的题目。书评的题目和其他学术论文题目要求是一样的。可以直接使用"评×××的《××××》"类的题目。例如,"评巴林顿·摩尔的《民主与专制社会的起源》",也可以使用主副标题的题目形式。主标题使用关键词突出学术专著的核心研究特色,副标题使用"评×××的《×××》"类的表述。例如,"中东史研究的环境转向——评米哈伊尔《奥斯曼帝国、埃及与环境史》""中美关系史的新叙事——评徐国琦著《中国人和美国人:一部共享的历史》""对美国自由的一种历史阐释——评埃里克·方纳的《美国自由的故事》"。

第三,撰写学术书评的导语。导语部分需要引入书评讨论的主题。首先说明学术著作写作的时空背景,继而阐明其讨论的问题(无须点明著作书名)在历史、现实、理论方面的价值与重要性。在此基础上,总体指出拟待评论的图书在该问题或该领域的研究方面作出了重要贡献,从而引出所要讨论的学术著作及其作者。导语的篇幅通常一两段即可。

第四,撰写学术书评的主体部分。在撰写学术书评的主体部分时,应当围绕以下三个核心要素进行:① 介绍作者和书籍背景:开始部分应该介绍作者的学术背景、写作此书的心路历程与学术动机,以及成书的时空背景。这有助于读者了解作者的权威性以及书籍的研究意义。② 概括书籍内容与结构:用自己的语言简洁明了地概括书籍的主要内容与结构逻辑,可以章节为线索提炼书中亮点,也可以针对书中探讨的关键问题进行梳理。这一部分的目的是让读者对书籍的总体框架有一个清晰的认识。③ 深入分析学术著作的关键概念、主要论点、主要论题。在这里,需要结合作者的心路历程与写作动机,分析作者的写作目的是什么?在书中希望回答什么问题?如何回答?作者以何种方式展开自己的讨论?继而作者得出了怎样的观点?与此同时,书评撰写人还可以对书中某一关键部分或某一关键问题提出自己的认知、疑问与思考。这部分内容需要注意的是,书评作者无须面面俱到,切忌大篇幅逐章介绍文章主要内容,而是要把更多篇幅放在对学术专著本身特点的分析上。

第五,撰写学术书评的评价部分。这部分内容通常包括两个方面:① 在学术脉络之中去分析学术专著的优点、创新性,给予客观的学术定位。书评撰写人可以从史料、观点、理论、视野、方法、问题、学术价值、现实价值等多个层面对著作作出客观的正面评价。② 对学术著作存在的问题进行论辩或批评。书评撰写人可以指出该学术著作存在哪些有待拓展的问题、作者没有认识到的问题,以及错误的认识问题或该书籍在结构、论证、研究方法等方面的存在哪些缺陷与不足。这部分内容需要注意的是,在撰写评价时,评价言辞务必保持客观公正的态度,避免使用夸张或贬低的言辞。所有的评价落到实处。正面评价应基于事实和具体内容,避免过分吹捧;批评意见应具体、建设性,针对学术内容,避免个人攻击或情感色彩。

示例1是编者指导学生合作发表的一篇世界史书评,基本涵盖了书评的上述基本要点。除此之外,还有几篇世界史名家的书评值得推荐。大家可以仔细阅读,深入揣摩,如李剑鸣的《对美国自由的一种历史阐释——评埃里克·方纳的〈美国自由的故事〉》(《世界历史》2004年第1期)和王立新的《中美关系史的新叙事——评徐国琦著〈中国人和美国人:一部共享的历史〉》(《美国研究》2015年第2期)。

示例 1

一部全球视角下的农民史
——评埃里克·范豪特《世界历史中的农民》

Eric Vanhaute, *Peasants in World History*,

New York: Routledge, 2021, x+146pp.

自工业革命以来,随着工业化和城市化迅猛推进,农业在整个国民经济总量中的比重,以及农业人口在总劳动人口中的比重不断下降。按照现代化理论的经典解释,农民生产方式被定性为一种前现代的或传统的不发达生产方式,这种生产方式注定要被西方式资本主义农业所取代。然而,时至今日,农民的生产方式依然存续下来。整个世界6亿农场中大约有85%是小于2公顷的小农场。"小农依然提供了世界粮食供给的大多数。"(p.3)此外,由于受到极端气候与新冠疫情的双重影响,近年来全球粮食产量出现大幅减产,国际粮食价格上涨迅猛,粮食安全问题愈发受到关注。正是在这一背景下,作为民生之本的农业及作为农业生产者的农民再次成为学界研究的热点。在历史学界,重新反思农业和农民在世界历史发展进程中的重要作用也成为当下农业史研究的重要取向。[①] 总体而言,虽然这些研究大多超越了传统的民族国家范畴,展现了农民或者农业在历史发展中的重要作用及其存在的必要性,但是其研究视野往往局限于某一区域或某一时代,无法从更宏观的世界或全球层面对于不同地区农业及农民的历史发展进程进行更为广度与深度的比较与剖析,特别是探讨不同地区之间的联系。从这一点而言,斯文·贝克

[①] 近年来重新反思农业和农民在世界历史发展进程中重要作用的代表性成果有(但不限于): Jordi Gascón and Claudio Milano. "Tourism, Real Estate Development and Depeasantisation in Latin America." *European Review of Latin American and Caribbean Studies/Revista Europea de Estudios Latinoamericanos y Del Caribe*, No.105 (January-June 2018), pp. 21 - 38; Jonathan Dekel-Chen, "Putting Agricultural History to Work: Global Action Today From a Communal Past," *Agricultural History* Vol. 94, no.4 (Fall 2020), pp.512 - 544; Jason W. Moore, *Capitalism in the Web of Life: Ecology and the Accumulation of Capital*, London and New York: Verso, 2015; Charles S. Maier, *Once within Borders: Territories of Power, Wealth, and Belonging Since 1500*, Cambridge, MA: Harvard University Press, 2016; Ulbe Bosma, *The Making of a Periphery: How Island Southeast Asia Became a Mass Exporter of Labor*, New York: Columbia University Press, 2019.

特的《棉花帝国》①是一个有益的尝试。它将棉花的种植与销售纳入全球资本主义框架下讨论,将世界作为一个有机联系的整体,从世界一体的角度出发书写了一部新的全球农业史。比利时根特大学教授、欧洲科学院院士埃里克·范豪特(Eric Vanhaute)的《世界历史中的农民》(*Peasants in World History*)则立足于"农民的劳作及其世界"这一宏大研究对象,同样从全球史的视角出发,通过对农民的社会组织,农民在更广泛的社会结构中的融合(incorporation)、适应(adaption)或反抗(resistance)及其在地方、区域和全球进程之间不断变化的联系三个方面分析农民在世界历史中的多重转变路径,继而书写了一部全球视野下的农民史。

一

埃里克·范豪特少年时期在作为农场主的祖父身边长大,对乡村世界有着特殊的感情,正因此,他对于农业和农民有着特别的关注,加之受其导师乔斯·德·贝尔德(Jos De Belder)②的影响甚笃,他的主要研究兴趣定位于农民史与全球史。范豪特在研究中有意识地将两种研究兴趣有机融合在一起,注重在全球整体史观下横向比较的不同区域农民的历史。《世界历史中的农民》就是这一研究取向的重要体现。

《世界历史中的农民》一书主要聚焦于自原始社会以来不断改变着的农民边界(frontiers)问题。作者将"边界"定义为"不同空间和社会体系之间不断变化的接触过程"。边界与社会是一个双向互动的关系,边界的扩张可以滋养社会体系,因为它提供了自然、土地和劳动力的新来源,创造了新的供应,降低了生产成本,增加了利润(p.7)。而"农民边界"(peasant frontiers)指的是农民通过自身的劳动创造出的农民世界的范围。"农民边界"的改变"勾画了农民融合、适应和反抗的过程"(p.2)。作

---

① Sven Beckert, *Empire of Cotton: A Global History*, New York: Knopf, 2014.
② 乔斯·德·贝尔德(Jos De Belder),根特大学教授,主要研究方向为社会史,代表作有:Jos De Belder, *Economische En Sociale Ontwikkeling（sinds De Nieuwe Tijden）Van De Nieuwste Tijden*. S.l.: s.n., 1990; Jos De Belder, Cecilia Gijssels, and Chris Vandenbroeke. *Arbeid En Tewerkstelling In Antwerpen 1796: Een Socio-Professionele En Demografische Analyse: Werkdocumenten*. S.l.: s.n., n.d.

者认为,"农民边界"存在于自人类社会产生之初直至今日的一万年时间。在这样一个长时段内,作者通过全球比较的视角将农民的边界框定在三个框架中:原始社会时期的村庄体系(village-system)、农业帝国(agrarian empires)和全球资本主义时期(global capitalism)。通过探讨在三个时期内的社会、经济和生态的变化,作者提炼出了"农民化(peasantization)—去农民化(de-peasantization)—再农民化(re-peasantization)"这一理论模型。"农民化"指的是向农村社会经济转型的过程。农业在自身发展过程中将越来越多的自然资源变成产品,它通过直接接触自然、土地、劳动力和商品,将生存和商品生产结合起来。这个自我发展扩充的阶段即"农民化"(pp.11-35);"去农民化"则指的是近代以来随着资本主义的发展,农民及其传统实践被逐步消灭的过程,其表现为小规模和家庭农业在整个农业活动中的份额不断缩小,以及农村社会和农村生态的作用不断减弱(p.119)。它主要表现为"去乡村化"(deruralization,世界农村地区的人口减少和衰退)和"过度城市化"(overurbanization,人口和活动大规模集中在世界不断增长的城市中心),欧美发达国家是这一进程的典型地区;"再农民化"指的是通过殖民的方式使不发达地区或次发达地区的经济模式从种植粮食作物变成种植经济作物,与此同时在当地保留或再造小农的生产方式并将其纳入世界资本主义体系。这属于全球资本主义扩张的一部分,尤其是19世纪和20世纪的"再农民化"进程是殖民帝国形成和全球资本主义扩张过程中农业关系大规模重组的一部分(pp.87-123)。这三个过程实际上是农民应对文明、国家和全球资本主义扩张而进行转型的不同路径,其中"农民化"是"去农民化"和"再农民化"的前提,"去农民化"与"再农民化"常常相伴而生。

二

由于本书时间跨度比较长,包罗内容比较广泛,因此我们主要讨论范豪特所提及的全球资本主义时期。这也是范豪特在书中笔墨最多、分析最为深刻的部分。长期以来,农业一直为历史的发展,特别是资本主义的运转作出极大贡献,但其重要性却长期受到忽视,似乎农业仅仅是工业、商业等发展中的附属品。范豪特打破了从工商业角度对于资本主义世界发展进行解释的一贯套路,而是将农民纳入整个资本主义世界体系范畴中,强调农民在这一体系中的主动性。范豪特将书写这本全球史视野下农民史的目的概括为挑战全球化时代社会科学的三个悖论:第一个悖论认为"全球现代化将通往一个没有农民的世界",农村社会与农民终将消失于这个世界;第二个悖论认为判断社会进步的依据在于是否实现了以消灭农民为目标的全球现代化;第三个悖论则是向我们提出了一个问题,农民存在并延续了如此漫长的时段,农民的内涵有无改变?是否可以用同一框架对农民进行分析?① 反驳上述三个悖论也正好构成了本书隐含的主线。

上述三个悖论显然属于工业化与现代化极端发展的产物,这种带有典型的"去农业化"的观点随着工业化的"高歌猛进"而变得愈发流行。正是为了反驳或是回答上述问题,作者撰写了这部《世界历史中的农民》,并在书中通过不同地区农民发展历史的大量实证研究加以证明。针对第一个悖论,范豪特并不否认农民、农业衰落的这一事实,但是他认为要辩证地看待这一问题。无论是在农业革命还未发生之前还是工业革命发生之后,农民这个群体始终存在并且代代延续,农业的发展是文明兴起的必要条件。作者将农业与农民的历史划分为四个阶段:从史前文明兴起开始再到农业帝国的形成,下一步演变成资本主义社会的发展最终到现代社会的进步。在此过程中,每一次社会边界的改变都需要依靠农民来生产大量的粮食剩余。社会精英们不仅依赖农业生产成果,同时对农业生产者进行剥削和统治,"农业创造了文明,文明创造了农民"(p.13)。针对第二个悖论,作者指出,它的成立需要一定的前提:首先,如果村庄逐渐被同化成国家的一部分,那就必须产生一个新的机制既能够保证粮食的供应也能够吸收接纳农民,使农民拥有新的职业来维系其生计;其次,产生一个新的国家经济体来代替旧有的以农业为基础的经济体制。显然,符合上述条件的典型实例就是19世纪下半叶的欧洲,因

---

① 埃里克·范豪特:《劳作之中:农民的世界史》,汪淳玉、王维译,《中国农业大学学报(社会科学版)》2016年第3期。

此它也被当成"社会进步"的典型。作者对此完全持否定态度。通过深入的实证研究,范豪特指出,19世纪之后欧洲的全球化是在一个极度不平等的殖民世界中实现的,这并不适用于21世纪的今天;而且农业占比多少与经济增长呈负相关的结论仅仅只是基于发达的工业国家的历史而言,对于更多作为其殖民地的落后农业国并不适用。比如,从1980年到2010年,亚洲和非洲依靠土地生活的人数增加至50%;在整个南半球,农业就业人口的绝对数字也大大增加(p.114)。另外,农场数量的增加并不代表农场面积的扩大,具体表现为:在中低收入国家,尽管农场数量在增加,但是平均农场面积减半至将近1.5公顷,而在高收入国家由于农田集中度增加致使农场数量不断减少(p.113)。关于第三个悖论,范豪特给出的回答是:无论是哪一个时代的农民都可以使用同一个框架进行分析研究,因为无论处在何时何地,农民总是面临相似的窘境。新时期的农民面临着来自资本主义世界市场和现代国家权力的压力,他们看似获得了人身自由,但实际上依然被束缚在土地上,土地分配的不平等更是加剧了农民生活的困窘。

三

范豪特在反驳三个悖论的同时也引发了他个人对于农民和农业日趋下降的地位的思考:为什么曾经是经济发展基础的农民在当代却被认为是拖累社会进步的"累赘"?这样的思想转向是如何生成的?农民又是如何一步步走向了社会的边缘化?关于这些问题的回答也正是范豪特创作本书的行文框架与内在逻辑。

至今为止,农业人口在总人数中占比仍达到三分之一,农民通过不断产生新的盈余来促进整个世界经济的发展,进而在世界范围内引发复杂多变的社会和空间变化过程。然而,令人大感困惑的是,明显应该受人重视与关注的农业与农民在历史发展的长河中却逐渐没落了,甚至成了"落后"的代名词。对此范豪特在序言中指出:"农民不是世界历史的被动接受者,而是社会变迁的力量,哪怕他们从属于一个经常将他们遗忘的社会。"(p.2)作者认为,现在对于农业和农民的定位仅仅是基于全球资本主义经济的框架而言。如果将视野扩大,就会发现,正是受制于该框架导致了农民自身主动性的削弱。在全球资本主义扩张的框架中,农民被迫参与其中,不得不为资本主义扩张,乃至世界市场的运转提供原始积累,但是实际上在人类社会未产生资本主义经济之前,在早期的原始村庄体系和农业帝国时期,农民就已经是不断创造新的剩余的生产者,农民在支持着文明、国家和全球资本主义的扩张,从而引发了更为复杂的社会空间的变化。那么,为什么农民的主动性会遭到忽视?作者认为,这里依然要谈到土地所属和自身的劳动力支配自由问题。这两种因素的双重作用形成了一张密不透风的网,将农民紧紧地束缚在早已为他们安排好的道路上。在农业帝国时期,农民或多或少依然保有一部分权利,而且地主阶级在保障自己利益的同时从未试图改变农民的生产方式(pp.34-59)。然而,这种情况到了全球资本主义扩张时期完全发生了改变:在美国南部、拉丁美洲等地区通过不断地开垦与扩张来促成土地关系的大规模重组,紧接着又通过这些土地来捆绑剩余劳动力,从而形成种植园制度,继而为整个殖民帝国以及世界资本主义市场的运作提供可能性(p.94)。与此同时,随着资本主义在全世界范围的扩张,非西方世界传统的小农也被动地卷入世界资本主义市场。斯文·贝克特在《棉花帝国》中就曾提及,在英国的棉纺织产业爆炸式增长时,能够持续供应英国工厂的却是那些亚洲、非洲、拉丁美洲的小农。[①] 农民在被动卷入世界资本主义市场的同时,虽然主要生产作物由用于满足自给自足需求的生计作物转向面向资本主义世界市场的经济作物,但是农民的生产方式却往往保留下来,甚至西方发达国家在自身实现"去农民化"的同时,却在作为其殖民地的边缘国家通过创造新的农民满足世界市场的需求(pp.134-135)。除此之外,笔者以为,作者并未提及卷入资本主义世界市场的殖民地或边缘国家内部乡村借贷(如发放借贷的地主与高利贷商人)对农民的控制,也是导致农民主动性被削弱与忽视的重要原因。在全球资本主义世界体系中,这些开展乡村借贷业务的地主与高利贷商人也成为资本主义世界市场的重要组成部分,其借贷资金往往是通过层层

---

① 斯文·贝克特:《棉花帝国:一部资本主义全球史》,徐轶杰、杨燕译,民主与建设出版社2019年版,第82—90页。

传递来自殖民地宗主国或者与殖民地宗主国存在千丝万缕联系的本国金融资本。至此,农村与农民在整个社会组织中已然被固化,无可避免地走上了一条边缘化的道路。①

通过解析社会思潮对农民地位认识的转向,范豪特从中总结并发展出了"农民化—去农民化—再农民化"的结构模型,也可以简单地将这个模型理解为农民的"融合—适应—反抗"。作者认为,文明、国家和全球资本主义的扩张,引发了"农民化""去农民化""再农民化"的过程。关于"农民化"和"去农民化",前面已有所论及,在这里主要来分析下"再农民化"。

在整个人类历史发展的进程中,不平等的现象是普遍存在的,通过"去农民化"和"再农民化"进行的资源重组与整合导致了资源分配更加不均,不平等现象更加严重。这使得在一些相对不够发达的地区,社会矛盾会尤为严重,比如非洲地区、拉美地区。当资源分配不均时,对于获益较少的这部分人来说,在城市生活存在很大困难,因此他们只能继续从事农业并开启新一轮的"农民化"过程。范豪特认为"去农民化"实际上伴随着重大的"再农民化"过程。欧美发达国家或地区实现"去农民化"的同时,通过维持或再造"农民的生产方式"并将其纳入全球资本主义体系实现在欠发达的国家或地区的"再农民化"(pp.134—135)。也就是说,虽然资本主义向农业的渗透可能会打破现存的生产体制,但是却不一定摧毁与这一生产体制关联的产权关系体制。只要存在"去农民化"就一定会存在"再农民化",这完全是由不平等的全球资本主义体系决定的。

四

《世界历史中的农民》为全球史和农业史的书写提供了一个新的范本。

从选题来看,范豪特的高明之处就在于他将以往被忽视的农民作为桥梁,从而将属于自然范畴的土地与社会联系起来,通过不断发展变化

---

① 吴浩:《"美国式道路"还是"普鲁士道路"?——内战后美国南部农业发展道路的历史考察》,《史学理论研究》2010年第4期。

的"农民边界"来体现农业与社会的互动关系。农民不仅哺育了经济与文明,同样,他们也在改变生态和社会的边界。由于农业对自然资源有较强的依赖性,农业的发展包括技术的改进、土地开垦等都会对人与自然的关系产生越来越大的影响。在本书中我们可以看出范豪特对利奥波德大地伦理的内化与再输出,充分显示了范豪特对于自然与人类的尊重与敬畏。

从写作方法来看,范豪特采用全球历史比较的横向视角来观察同一时期全球范围内的"农民边界"问题,又通过纵向的时间序列来研究村庄系统、农业帝国和全球资本主义的社会、经济和生态问题。在这一横一纵中抽丝剥茧,作者融会贯通了沃勒斯坦的世界体系论,连接与整合了各种空间尺度,从资本主义世界体系、亚非欧大陆、海洋地区、边境地区和边缘地带,到小规模的社会农村或城市体系,在如此磅礴的范围内获取自己需要的史料,足以彰显范豪特的历史功底之深厚。

作为一部与人类息息相关的农业史著作,埃里克·范豪特的现实关怀显而易见。他通过对世界农民历史的考察,证明了农民对于世界发展的突出贡献,肯定了农民在世界历史中的重要地位。更重要的是,他关注到了农民在当今社会发展的困境,通过说明农民在历史上的贡献和在现在与未来的潜在可能性,来提升整个世界对于农民的关注,从而提高农民的社会地位,改善农民的生活水平。

由于本书篇章有限,因此它也为我们留下了进一步探索的空间。由于宏大的视野与时空跨度,作者在写作过程中难免有所疏漏。首先,虽然这是一部全球史视角下的农民史,但作者对非西方社会的农民历史的分析与认知仍然不可避免地以欧美等发达资本主义国家作为模板,即便这样的做法是作者一再明确反对的。这使得作者的一些认知出现了偏差与错误。至少对于中国来说,作者的一些认识是不符合实际的。其次,作者在书写过程中并行多条行文线索,有涉及女性地位在社会历史中的演进,也有涉及国家对农民的压迫导致了反抗从而引发民族主义斗争或起义……这种发散性的写作方法固然能够使文本内容更加丰满,但同时也会导致逻辑主线受到干扰,使得读者在阅读过程中略显混乱。不过显然,作者将这些问题留给作为读者的我们,是为了引起大众的思考,从而为其他人的研究提供新的思路。再次,本书并没有认识到在全球资本主义世界体系下,为什么农业(包括发达国家与落后的边缘国家)没有像工业一样采用资本主义雇佣方式?为什么以家庭为生产经营和消费单位的"农民生产方式"体现出顽强的生命力,能够长期生存于资本主义生产方式与资本主义世界体系中,并在农业生产组织方式中长期占据主导地位,而除了在少数地区与特定时期,以雇佣型大农场为代表的"农业资本主义"生产方式始终没有取代这种"农民的生产方式"?在强大的、无所不包的资本主义现代世界体系笼罩下,自主经营的农民为什么没有消亡?现代社会的小农如何适应商业化、市场化、资本化、技术化,以及外部环境的变化如何使得小农在维持"农民的生产方式"的同时,继续发挥其主体性和对社会发展的基石作用?对于这些深刻的历史与理论问题,作者并没有予以关注并提出令人信服的见解。这无疑是本书一大缺憾。[①] 最后,对于作者一再强调的"再农民化",本书并没有清晰地阐明这一进程究竟是农民应对全球资本主义扩张的主动性体现,还是资本主义世界体系对非西方世界农民的裹挟,抑或二者兼而有之。

总体来看,虽然存在上述缺陷,但本书依然可以被视为一本尝试运用全球史观来书写世界农民历史的里程碑之作。这本书是第一部世界农民史的专著。在历史研究视野渐宽,"去中心化"特点越来越显著的今天,对于少数群体和弱势群体的研究开始变得举足轻重。范豪特以其自身带有人文关怀的独特视角,重视农民群体在世界历史发展中的作用,强调边缘群体为世界发展做出的突出贡献。与此同时,这本书将农民的历史纳入整个世界历史的研究范畴,按照时间顺序的叙事时还强调了地区之间的差异和不同的时间衡量尺度,在宏大叙事中对于细节的掌控值得学习,成功地做到了"粗中有细",同时也提供了农业史与全球史研究的新范式与新课题,具有重要的学术价值与现实意义。

[①] 关于这些问题,北京大学历史系董正华教授提出了深刻的见解。详见董正华:《中外农业生产中家庭经营与小农传统小农传统——农民资本主义还是农民的生产方式》,《人民论坛·学术前沿》2014年第2期。

二、如何撰写世界史文献述评

文献述评(又被称为文献综述)是研究者在对某一特定研究问题或研究领域的文献进行收集、整理、分析基础上撰写的关于该问题或研究领研究现状与前沿动态、研究特点,并对已有研究作出深度评论的一种学术论文文体。文献述评与学术书评一样都是研究者传递与获取学术信息的重要途径。对于历史学研究者而言,文献述评写作同样是每一个研究者必备的基本技能之一,也是顺利开展研究的重要前提基础。就世界史专业而言,撰写文献述评需要通常需要遵循以下五个步骤:

第一,查找与阅读文献资料。确定研究选题后,研究者需要通过多种途径搜集与研究主题相关的文献资料,并在此基础上进行广泛阅读,以了解相关领域的研究状况和发展趋势。首先,研究者可以利用谷歌学术(Google Scholar)与百度学术等搜索引擎进行文献检索。谷歌学术搜索引擎是一个免费的学术资源搜索引擎,可以帮助研究者找到各个研究主题相关的外文学术文献,包括期刊文章、学位论文、会议论文等。百度学术则具有强大的中文学术文献搜索能力。其次,研究者还可以利用 JSTOR 等期刊数据库以及 Sci-Hub 等免费数据库进行文献检索。JSTOR 是一个提供学术期刊存档的在线数据库,涵盖了多个学科领域,包括历史学、政治学、经济学等。研究者可以通过关键词等搜索功能,找到与研究主题相关的学术期刊文章。Sci-Hub 拥有海量的免费外文学术论文资源,这些资源对于需要查阅国际史学界相关研究进展的学者来说非常有价值。这里需要注意的是,学术性述评搜集的文献必须是代表性、科学性、权威性的学术研究成果,如核心期刊文章、知名学者的著作等。非学术性论著或文章,以及新闻报道、博客文章、百度百科、维基百科不应纳入文献述评搜集资料的范围。此外,研究者要优先搜集与自己的研究主题紧密相关的文献。尤其要关注近年来发表的文献,以便全面把握相关研究领域的最新动态和发展趋势。

第二,整理、归纳与分析文献资料。在完成文献资料的搜集与阅读后,研究者可以借助对这些文献进行有效整理、归纳和分析。特别是对该研究领域或问题的研究现状(包括前人研究成果、主要学术观点、争论焦点和存在的问题等)和发展前景等内容通过笔记的方式进行深入的综合分析。在此过程中,研究者需要完成以下工作。

(1) 提炼每一份文献的关键信息:研究者需要从每份文献中提取主要观点、研究方法、研究结果以及该文献的贡献和不足。

(2) 对文献进行分类、概括和归纳:研究者需要根据主题、方法、理论框架或其他相关标准对文献进行分组,并对分组后的文献进行总结,找出每一组文献的共同点和差异。这有助于识别该研究领域内的主要模式和取向。

(3) 识别争论焦点和问题:研究者需要从文献分析中明确当前史学界讨论的焦点,以及主要分歧所在。

(4) 发现未来研究拓展的空间:通过比较现有文献,研究者需要找出尚未被探讨的问题或未来需要进一步研究的领域。

第三,撰写文献述评的导论。这部分内容主要阐述文献涉及的讨论问题的背景,该论题在理论与现实方面的重要性,以此突出撰写文献述评的目的与意义。此外,还要阐释文献梳理的时间范围以及述评主要从哪几个方面展开。示例1来自一篇已经发表的学术书评的导言,基本包含了上述提及的要素:

示例1

传承与革新:西方学界关于欧洲早期中古史研究的新进展

在欧洲历史上,夹在罗马帝国和法兰克加洛林帝国之间的公元5—8世纪,习惯上被称作早期中古(early Middle Ages)。变动是这一历史时段最鲜明的主题,内战引发的混乱与外来蛮族的冲击,导致罗马帝国在地中海西部(包括不列颠、西班牙、高卢、意大利和北非)的统治逐步瓦解并最终消亡。欧洲的政治版图上,多个蛮族王国取代了原来的帝国行省,社会、经济、文化和宗教领域也发生了显著的变革。(论题的历史背景)

这段剧烈变革的时代有很多史学标签,包括带有贬义的"蛮族入侵"

"古典文明的终结"与"黑暗时代"以及更为中性的"古代晚期"与"罗马世界的转型",体现了现代西方对早期中古历史的不同认识。21世纪以来,国内外学者开始对现代早期中古史研究进行学术史检讨,相关研究往往针对特定的论题,例如罗马帝国的衰亡与转型、蛮族与帝国、皮朗命题和古代晚期。这些研究均为理解相关问题的史学脉络提供了重要线索,但受论题的局部性所限,并无法完全展现早期中古史研究的全景。(论题研究在学术研究方面的价值)

2013年,英国中古史家颜·伍德出版了论著《早期中古的现代起源》(以下简称《起源》),对整个早期中古研究的现代学术史进行了相当全面的梳理。通过细致地评述18世纪以降的重要作品,颜·伍德揭示,如何讲述早期中古欧洲的历史,一直与现代欧洲不同时期中的核心思想命题与社会政治问题紧密相关,更与欧洲在现代进程中不断遭遇的认同问题有内在联系。不过,作为一部为专业同行撰写的学术史,《起源》一书侧重20世纪之前的作家与作品,对最近半个多世纪以来的当代学术进展着墨相当有限。事实上,20世纪下半叶以来,早期中古史研究在全新的社会和思想境下对原有的问题进行了显著的修正和更新,并开始形成了一些新的研究范式。本文将评述早期中古史领域近几十年来具有重要学术意义的研究成果,将它们放在对之前学术遗产的传承和更新的视角下考察,以图全面地呈现新研究取向的主要特征。(撰写文献述评的目的与意义,述评时间范围界定)

总的来说,欧洲早期中古史研究关注三大基本问题:蛮族大迁徙和蛮族建国、西罗马帝国衰亡之后的欧洲经济与社会转型以及基督教化的进程,早期中古史在当代的发展在上述三个命题上均有体现,本文将依次加以阐述。(述评将围绕那些论题展开)[①]

第四,撰写文献述评的主体部分。文献梳理可以按照国内学术界与国外学术界分别梳理,也可以将二者放在一起梳理。这部分内容可以按照问题导

---

① 刘寅:《传承与革新:西方学界关于欧洲早期中古史研究的新进展》,《世界历史》2018年第1期,第107—108页。

向或时段导向展开,或者两种方式相结合。以问题为导向,可以将这部分内容按照问题划分为几个部分,在每个部分,可以按照时间先后顺序梳理、概括学界围绕着特定问题展开的各种分歧与争论或者研究上的承继关系,厘清对这一问题研究的发展历程。以时段为导向,可以按照时段将学术史的梳理划分为几个部分,在每个阶段分别探讨这一时期研究的取向、特点、关注的问题,乃至研究的转向。

第五,撰写文献述评的结论。这部分内容主要包括总结、评价与展望三个部分。首先,应该概括与总结国内外研究的特点、方法、主要关注哪些问题。总结必须全面、深入、有层次、逻辑清晰。其次,作者可以对国内外学者的研究提出评价,如研究的创新性体现在哪些方面？对学术与现实有何影响？研究存在哪些不足？有哪些方面可以进一步拓展？有哪些问题研究者没有予以关注,或者可以从中挖掘出那些新的论题？最后,作者可以在上述基础上对这一研究进一步提出未来的展望。

这里需要尤其注意以下五点。

(1) 文献梳理不是罗列文献,也不是文献介绍的堆砌,不能将不同学者研究成果的主要内容并列或罗列。文献述评的作者应该综合概括不同研究成果的观点,分析这些研究观点之间的内在逻辑关系：是属于对同一问题的同一观点,还是相互辩驳或完全不同的观点,抑或是同一问题的研究只是从不同视角切入,或者是对前人研究的进一步深入。

(2) 按照问题导向梳理,问题的排列顺序应该按照由近及远的逻辑关系原则,即首先梳理与自己讨论论题直接相关的研究成果。如果与自己研究课题直接相关的研究缺少不足以支撑一篇综述,可以在交代原因后,将梳理学界讨论的问题范围扩大(但至少也要与自己的研究保持间接联系)。例如,在一篇题为"《1948年巴黎议定书》与国际麻醉品管制的拓展"的硕士论文开题报告中,国内外研究述评部分就分别按照"全球史与国际毒品史研究""国际毒品管制机制史研究""关于合成麻醉品与《1948年巴黎议定书》的研究"三个问题展开学术史的梳理。这里的问题就在于作者把与自己研究论题最相关的研究梳理(也是读者最想了解的内容)放在了最后,而把与自己研究论题关系最为薄弱的研究成果梳理放在了最前面,从逻辑上讲显然是有问题的。正确的做法应该是按照与自己研究主题逻辑关系由近到远的顺序排列。

（3）文献梳理尤其要避免大量直接引用原文。研究者要用自己的语言对已有研究成果进行分析、概括与总结。通过识别出文献中的关键论点和主要贡献，并使用清晰、简洁的语言将其简化为最基本的表述，体现自己的思考。

（4）文献述评收录与梳理文献注意区分研究性成果与史料性文献。在进行学术文献梳理时，研究者需要对收录的文献进行筛选，以区分出哪些是研究性成果，哪些是史料性文献。研究性成果通常包括学术论文、专著、研究报告等，而史料性文献则包括档案资料、官方文件、日记、回忆录等。史料性文献显然不属于学术研究性成果，因此不应放入学术文献梳理中。当下许多世界史研究生的学位论文中都没有注意到这一点，而是错误地将大量档案集、资料整理汇编，以及官方出版物纳入学术史的梳理中。

（5）文献述评切忌缺失最后的总结、评论与展望环节，或者这部分内容书写泛泛、空洞，虎头蛇尾。在撰写文献综述时，总结、评论与展望部分是至关重要的，因为这部分内容能够展现作者对研究领域的深刻理解和对未来研究方向的思考，因此务必要做到全面、深入、准确、客观。

在总结时，作者应全面回顾文献中讨论的主题和论点，深入分析文献中提到的研究方法、理论框架和实证结果，评价其优缺点以及对研究领域的贡献。同时保持客观公正的态度，即使是对研究提出批评，也应当基于合理分析。最后，在展望部分，根据现有的研究成果和存在的问题，提出未来可能的研究方向或拓展空间，从而为读者提供有价值的信息和启发。

示例2节选于一篇已发表的关于美国史学界对内战记忆研究的述评的结语，基本包含了上述提及的基本要素：

示例2

结　语

美国史学界在研究内战记忆中，先后形成"失去的事业"与"联邦事业"这两种叙事路径，前者是战败南部为维护尊严与守卫地方自治而构建的，后者则是联邦主义者为捍卫国家统一与淡化奴隶制问题而创立的。当美国在19世纪末出现专业化的历史书写时,深受种族思想影响的内战记忆研究才真正形成。随着民权运动的展开,遭受越战创伤的美国学界开始认识到共识学派关注包括黑人在内的底层群体的重要性,但在相关的记忆研究中仍存在各种政治偏见。直到20世纪末,受全球化思想、女权主义、环境史学、医疗社会史、情感社会学、历史心理学与文化记忆理论的冲击,内战记忆研究才呈现出去政治化的趋势。概言之,内战记忆研究的演变正是历史书写服务于时代发展的生动体现。从本文对美国内战记忆研究的梳理可以发现,"记忆神话"是那些感情色彩浓厚,基于部分历史细节但偏离事实主体的叙事。尽管在历史事件当事人及直接传承者逝去后,记忆研究成为舆论界关注的重心,但"记忆神话"的影响依然存在。正是"记忆神话"的这一特殊性质,即使那些善于运用跨学科研究的专业史学家们所探寻的历史真相仍是一种客观打造的"科学"性神话,毕竟历史研究本身就离不开真理的相对性问题。但不论内战记忆研究方向如何调整,学者们关注的事实主体仍应是"奴隶制问题"。(总结部分)

内战结束后的一百五十多年内,除左右内战史书写外,各种内战记忆之间的博弈对美国的政党政治、政府政策、公民地位、性别与种族观念及其国家的发展走向产生了重大影响。同样,内战记忆研究也对美国社会构成了多种影响。一方面,记忆研究强化其民族认同,使美国人找到历史归属感,以抵御多元文化对美国社会所构成的冲击。对内战记忆场的研究则有助于军事国家公园等内战旅游业的快速发展,从而巩固了美国长期宣扬的尚武精神。其中,最典型的例子便是美军常服在近期有回归内战时期传统风格的趋势。另一方面,那些带个人情感与主观价值判断的记忆研究必将导致美国社会认同的进一步撕裂。学界对"失去的事业"的迷恋不可避免地成为新白人主义与新纳粹思想的温床,尽管这些右翼组织公开表示南部邦联旗帜的展示与种族歧视无关。随着"联邦事业记忆"研究的深入,在近年来掀起的捣毁铜像运动中,黑人族群及其白人支持者通过推倒李将军与石墙杰克逊等塑像,表示出对南部白人建构的历史叙事的否定,以期重建非裔美国人在内战与重建记忆中的主体地位。遗憾的是,因利益诉求不同,长期存在的记忆摩擦最终酿成2015年的查尔斯顿教堂枪击案与2017年的夏洛特维尔暴力冲突。此外,美国政客们也不断调用林肯记忆的研究成果,为其干涉他国内政提供历史合法性。因此,为避免现实政治干扰学术研究,学者在研究内战记忆时,应以奴隶制问题为主线,不能以煽情方式、先入为主地划分内战记忆的类型。正如学者塞缪尔·格雷伯(Samuel Grabber)所言,如果说独立战争仅使美利坚人摆脱了英国的政治统治,那这场内战则是美国人从文化精神层面与大英帝国分道扬镳的开始。只有在跨国史视野下,学者们立足于对新材料的挖掘,从民族国家层面整合不同的群体记忆,才能提炼出记忆之间的共性,又能突出某类记忆的特性,以此深入剖析内战记忆的本质与演变,从而减少公众在记忆历史事件中产生种种分歧的可能。(评价与展望)①

本章推荐阅读文献

1. 吴婧:《关于学术著作出版中学术书评的撰写问题》,《中国编辑》2023年第11期。

2. 蔡美彪:《学术性书评的要求》,《近代史研究》1999年第1期。

3. 孙卫国:《史学书评的做法》,《中华读书报》2021年7月21日。

4. 蒋竹山:《如何写一篇评论性的学术书评》,https://www.iread.com.tw/marketing_page/THRcolumn/002.html,2023年1月10日。

5. 周大鸣:《如何确立学术问题——文献综述撰写的目的与方法》,《广东技术师范大学学报》2021年第4期。

---

① 罗超:《美国史学界对内战记忆研究的述评》,《世界历史》2020年第2期,第158—159页。

第七章
历史学论文写作的学术不端行为

严格树立学术诚信意识,杜绝学术不端行为是包括史学论文在内的一切学术论文写作的最基本要求。学术不端行为按照性质严重程度通常可以分为违反学术道德与违反学术伦理两种情况。史学论文书写者,特别是在读或刚刚毕业的硕博士研究生以及青年研究者,尤其要注意了解学术道德与学术伦理的内涵与标准,时刻警示自己不能触碰学术道德与伦理的红线。

一、史学论文写作的学术道德问题

学术道德是指研究者在学术活动中应该遵循的一系列道德规范,包括诚信、公正、公开、尊重、严谨和责任等方面。在史学论文写作中,学术道德实际上就是指一名历史研究者应该遵循的"史德"。"史德"具体包括以下五个方面的内容:

第一,在论文的撰写过程中,作者要尊重他人研究成果,不能整体或大篇幅剽窃、抄袭他人研究成果。近年来,史学界出现了一些大篇幅剽窃、抄袭、篡改与捏造史料,乃至更为严重的买卖论文、代写论文等学术不端事件。其中在读或刚刚毕业的硕博士是这一不端行为的主要群体。这样的行为一旦被曝光,研究者不仅将因为诚信问题丧失未来从事学术研究的前途,而且无论在读还是已经毕业的学生也将面临被取消授予学位资格或撤销已授予学位的严厉惩罚。

根据国家新闻出版署 2019 年制定的中华人民共和国新闻出版行业标准《学术出版规范 期刊学术不端行为界定》(CY/T 174—2019),整体剽窃包括以下五种形式:

(a) 直接使用他人已发表文献的全部或大部分内容。

(b) 在他人已发表文献的基础上增加部分内容后以自己的名义发表,如补充一些数据,或者补充一些新的分析等。

(c) 对他人已发表文献的全部或大部分内容进行缩减后以自己的名义发表。

(d) 替换他人已发表文献中的研究对象后以自己的名义发表。

(e) 改变他人已发表文献的结构、段落顺序后以自己的名义发表。①

就世界史研究而言,由于世界史论文写作过程中需要大量阅读和引用翻译后的外文资料,目前国内的中文查重软件很难识别抄袭内容。因此,部分作者(主要是在读硕博研究生)在论文写作过程中往往抱着侥幸心理,"铤而走险"大篇幅抄袭或"过度引用"国外学者的相关研究成果。虽然这种情况一时很难被识别,但是就像一颗"定时炸弹",一旦未来有其他学者从事相关问题专业研究仔细研读其论文,很有可能会被"引爆"。

案例 1

南开大学严肃查处张××博士论文抄袭问题

南开大学历史研究所 2000 届世界史专业(研究方向为美国史)原博士毕业生张××(现为《鞍山师院学报》副主编、教授)的博士学位论文《美国黑人民权运动的缘起——论美国黑人民权运动产生的原因和历史条件》(以下简称"张文")存在严重的抄袭问题。经专家对张文进行仔细核查,已确认张文有 60 余页的内容分别抄袭自弗洛雷特·亨利的《1900—1920 年间黑人向北部的迁徙运动》(Florette Henri, *Black Migration: Movement North, 1900 - 1920*, Garden City, New York: Anchor Books, 1972)、南希·怀斯的《告别林肯的政党:罗斯福时代的黑人政治》(Nancy Weiss, *Farewell to the Party of Lincoln: Black Politics in the Age of*

---

① 《中华人民共和国新闻出版行业标准》《学术出版规范 期刊学术不端行为界定》(CY/T 174—2019),第 2 页。

FDR, Princeton, N.J.: Princeton University Press, 1983)、哈福德·西特科夫的《为黑人实行的新政：民权作为一个全国性问题的出现（第一卷：大萧条的十年）》(Harvard Sitkoff, *A New Deal for Blacks: The Emergence of Civil Rights As a National Issue: Vol.I: The Depression Decade*, New York: Oxford University Press, 1978)、理查德·德尔休姆的《黑人革命中"被遗忘的年代"》(Richard M. Dalfiume, "The 'Forgotten Years' of the Negro Revolution", in *The Journal of American History*, Vol.55, No.1., June 1968)等论著。根据专家核查结果，南开大学历史学院学位委员会于2004年12月中旬召开了特别会议，对张文抄袭问题进行了认真而慎重的讨论，并做出决议：一、建议南开大学学位委员会取消张××的博士学位；二、以此为案例对目前在读和将来招收的博士、硕士研究生进行深入的学术规范和学术道德教育，加强学术自律，杜绝抄袭剽窃；三、要求全体研究生指导教师增强责任感，对研究生平时严格要求，毕业时严格把关；四、强化博士生指导小组的功能，在博士生论文外送评审之前要进行认真审查，避免让存在质量问题的论文进入答辩程序；五、以此事为契机，认真探讨如何改善博士生的招生和培养方式，致力于造就学德高尚、学风踏实、学识高深的优秀人才。据悉，南开大学学位委员会已于2004年12月底做出决议，取消张××的博士学位，并责成研究生院对全体研究生进行更加深入的学风和学德教育。此系南开大学首例因毕业论文抄袭而被取消学位的事件，学校领导对此高度重视。南开大学美国历史与文化研究中心全体教师对此事进行了深刻反思，决心对于毕业论文写作中出现的学风问题绝不姑息，发现一起，查处一起，努力营造一种纯洁朴实的学术氛围，推动中国美国史研究的健康发展。（南开大学美国历史与文化研究中心）[①]

第二，在史学书写过程中，作者应始终保持客观中立的态度，坚持论从史出的原则，根据史料，秉笔直书，不得歪曲篡改历史事实。历史学是一门科

---

① 全文转引于：《社会科学论坛》2005年第5期，第153—154页。

学,严格意义上历史学论文写作不是文学创作,也不是"野史"编造,必须以客观史料为基础,一分证据说一分话,充分尊重历史事实。在世界史研究中,随着研究题目越来越细化与专业化,研究者尤其不能利用其他读者和专家对研究论题不熟悉而故意虚构或伪造历史事实。

第三,在史学书写过程中,不能为了达到论证观点的目的而篡改、伪造史料与数据。学术研究应当遵循诚实、客观和公正的原则。任何为了达到特定论证目的而故意篡改或伪造史料的行为都是对学术道德的严重违背。这些违反学术道德的行为不仅严重歪曲了历史的真实性,也可能对公众的认知造成误导。

第四,学术论文要独立完成,不能做出出资寻找"枪手"代写论文的学术不端行为。个别的学生由于论文写作困难,在网上出资寻找"枪手"代写论文。这种行为同样严重违反了学术道德。实际上随着史学研究的愈发精细化,由于对研究问题不熟悉且不愿花费时间与精力,网络上的"枪手"代写的论文往往粗制滥造,甚至会出现全文或大篇幅抄袭的情况。近年来网络上频频爆出写作年代不一致的硕士论文内容却高度一致的案例,令人啼笑皆非的是,有些毕业论文甚至连"后记"的致谢内容都完全一样。这种情况很有可能是因为其中有人寻求"枪手"代写论文造成的。

第五,在学术论文写作中不能使用 AI 人工智能技术来撰写。这种情况是近年来随着 AI 技术的普及而出现的新问题。2022 年年底以来,ChatGPT 等 AI 技术产品在国内外网络迅速流行,其可以通过人工智能强大的搜索、记忆、汇总功能,充分整合各类信息,继而汇总输出制作成本低但逻辑清晰、表述严谨,足以以假乱真的信息产品。然而,ChatGPT 等 AI 技术产品的普及和应用在一定程度上带来了新的问题和挑战。在史学研究领域,一些作者在论文写作中试图"投机取巧",利用 ChatGPT 完成论文主体或者部分章节的写作。实际上就人文学科,特别是历史学论文而言,由于本身具有非常严格的学术规范,讲求扎实的原始史料功底,因此,使用 ChatGPT 完成的论文看似逻辑清晰,但往往会存在诸如史实错误、误读或歪曲使用史料,做出错误的引注等一系列严重的问题。这主要因为 AI 技术对于文本内容的生成是基于训练模型的统计概率,很难对史料进行准确的解读和理解。此外,论文写作所需的原始档案大多存储于档案馆,虽然ChatGPT拥有强大的信息整合能力,但无法将其纳入自己的信息数据库中,故而在其输出的论文中原始档案的使用始终存在难以克服的障碍。这意味着ChatGPT无法直接引用、分析或综合使用原始档案的内容,而只能通过研究者的专业知识与技能来解决这些难题,以确保论文的准确性和可靠性。

编者最近接触到一位学生,其使用ChatGPT撰写的英文毕业论文就存在大量的错误注释和内容错误。这些错误被专业人士发现,后经人工逐一核对确认,最终答辩委员会没有通过这一论文,并将这一学术不端行为上报给学校相关部门进行处理。这里仅列举这篇论文中的一个例子。论文中ChatGPT生成的一个注释Watson, Robert P. "The Myth of Francafrique: French-African Relations Since 1945," *French Politics, Culture & Society* 26(2): 2008, 91-117.经过人工核对,对应的期刊中并不存在该文章,实为假注。这样的情况在整篇文章中多达几十处,由此可见ChatGPT显然并不能完成真正的史学论文的写作。

总体而言,对于ChatGPT等新兴AI技术产品,无论是从学术诚信还是从信息来源的可靠性方面来看,史学研究者都不能依赖其完成论文写作,但是在大数据与人工智能时代,研究者还是可以将其作为辅助工具,发挥ChatGPT在文字润色与信息整合和输出逻辑严谨方面的优势,对文章的架构、选题、信息的整合予以完善。在此过程中,论文书写者应始终坚持在研究中的主体地位,对ChatGPT提供的信息与建议仔细、深入甄别和取舍。

二、史学论文写作的学术伦理问题

除了学术道德问题以外,史学论文写作中的学术伦理问题同样需要引起高度重视。实际上,广义上的学术伦理是一个宽泛的概念,除了频频曝光的大篇幅剽窃、抄袭、篡改与捏造数据,乃至更为严重的买卖论文、代写论文等违反学术道德行为以外,还包括不尊重知识产权与学术规范、转引文献注释标注为原始文献、根据观点裁剪史料、故意忽视或贬低他人的研究、一稿多投、重复发表等不端行为。这些行为可以被界定为狭义的学术伦理问题。近年来,随着诸多学术论文被曝出大篇幅剽窃、抄袭的严重学术不端行为,学术道德问题引发学界与整个社会高度重视。与此同时,上述提及的狭义的学术伦理问题由于问题性质不如大篇幅抄袭、剽窃、数据作假等学术不端行为严重,且隐蔽性强,大多能蒙混过关,因此,一些研究者与正在从事论文写作的研究生在明知这样的行为不对的情况下,却还是"耍小聪明"有意为之,还有一些研究者则认为这样的行为即便被发现后果也不严重,这一点需要引起高度重视。就史学写作而言,违反狭义的学术伦理通常包括以下11种情况:

第一,隐性剽窃他人的观点与文字。隐性剽窃是一种严重的学术不端行为,它涉及盗用他人的观点和研究成果而未经适当引用或承认。一些史学论文中存在剽窃他人观点的不当行为,具体操作是将他人的主要论点、观点、结论、研究思路(有可能已经发表,也有可能并未发表)经过文字加工后移植到自己的文章中,作为自己的学术创新的内容,而并不提及他人的贡献与启发。相比于违反学术道德的赤裸裸抄袭,这是一种更加隐性的剽窃行为,主要出现在研究生与青年学者的论文书写中。由于这样的剽窃很难被查重软件识别,即便被发现也可以找到诸多"借口",因此不少研究者对此并不以为然。

根据国家新闻出版署2019年制定的中华人民共和国新闻出版行业标准《学术出版规范　期刊学术不端行为界定》(CY/T 174—2019),观点剽窃包括以下五种形式:

(a) 不加引注地直接使用他人已发表文献中的论点、观点、结论等。

(b) 不改变其本意地转述他人的论点、观点、结论等后不加引注地使用。

(c) 对他人的论点、观点、结论等删减部分内容后不加引注地使用。

(d) 对他人的论点、观点、结论等进行拆分或重组后不加引注地使用。

(e) 对他人的论点、观点、结论等增加一些内容后不加引注地使用。[①]

隐性剽窃他人文字表述的情况在史学论文中同样也比较常见。与大篇

[①] 中华人民共和国新闻出版行业标准《学术出版规范　期刊学术不端行为界定》(CY/T 174—2019),第2页。

幅直接抄袭他人论文的主体或章节有所不同的是,这种剽窃行为更加隐蔽。甚至由于抄袭重复字数并未突破查重最低要求、文中对抄袭文字进行了文字加工并注释了文献出处,故而一些作者并不将其视为剽窃行为,而是认为这种情况最多属于不当引用。实际上这种行为同样违反了学术伦理,属于不尊重其他人研究成果的不端行为。《学术出版规范 期刊学术不端行为界定》(CY/T 174—2019)列举了这种行为包括的七种形式:

(a) 不加引注地直接使用他人已发表文献中的文字表述。

(b) 成段使用他人已发表文献中的文字表述,虽然进行了引注,但对所使用文字不加引号,或者不改变字体,或者不使用特定的排列方式显示。

(c) 多处使用某一已发表文献中的文字表述,却只在其中一处或几处进行引注。

(d) 连续使用来源于多个文献的文字表述,却只标注其中一个或几个文献来源。

(e) 不加引注、不改变其本意地转述他人已发表文献中的文字表述,包括概括、删减他人已发表文献中的文字,或者改变他人已发表文献中的文字表述的句式,或者用类似词语对他人已发表文献中的文字表述进行同义替换。

(f) 对他人已发表文献中的文字表述增加一些词句后不加引注地使用。

(g) 对他人已发表文献中的文字表述删减一些词句后不加引注地使用。①

第二,注释中大量原始文献或重要史料、数据实际为转引自其他文献的引文,但是作者却不注明实际出处,反而将标注为直引。这种情况比较常见于青年史学研究者。例如,在世界史的硕士论文中,有些作者为了体现文章的"高大上",在注释中大量使用了原始一手档案或出版于两三百年前的拉丁

---

① 《中华人民共和国新闻出版行业标准》《学术出版规范 期刊学术不端行为界定》(CY/T 174—2019),第3页。

文文献。实际上作者并没有读过这些原始档案和拉丁文著作,而是直接引用于二手文献。由于这些一手档案或年代久远的出版物在国内很难获得,即便可以获得,作为一名研究生也很难驾驭或读懂。这无疑会弄巧成拙,加深外审或答辩专家对论文史料的高度怀疑。此外,还有一些研究者为了体现自己在论文写作中阅读了大量二手文献,引用了大量别人的专著或论文中引用的文献资料或观点,却在注释中直接省去转引环节,在没有读过原著作或原文的情况下标注引自原初文献。示例1是一个比较规范的转引注释。

示例 1

　　1860年南部有38.4万名奴隶所有者,但同时有151.6万个自由白人家庭并不拥有奴隶。Kenneth M. Stampp, *The Peculiar Institution: Slavery in the Ante-bellum South*, New York: Knopf, 1956, pp.39 – 40. 转引自何顺果:《美国"棉花王国"史》,中国社会科学出版社1995年版,第171—172页。

　　第三,研究者为了论证自己的观点有意"裁剪"史料与数据,或者隐瞒对自己观点不利的史料与数据。在论文写作过程中,研究者应该遵循客观、公正、真实的原则,对待史料和数据应该保持严谨的态度。如果研究者为了论证自己的观点而有意"裁剪"史料与数据,或者隐瞒对自己观点不利的史料与数据,这种行为是不道德的,违反了学术伦理。也有人以胡适先生的"大胆假设,小心求证"作为这种不当的研究方法的合理依据。殊不知,胡适先生的"大胆假设,小心求证"是一种科学研究方法,强调在研究过程中要敢于提出假设,但同时也要严谨地对待证据,确保研究结果的真实性和可靠性。这种方法并不是鼓励研究者随意"裁剪"史料和数据,而是要求研究者在提出假设的基础上,通过严谨的实证研究来验证假设的正确性。在史学写作中,文章的观点和构思应该是在不断研读史料的过程中逐渐形成的。研究者应该在充分了解史料的基础上,提出自己的观点,并通过对史料的深入分析来支持自己的观点。同时,研究者还应该关注与自己观点相反的史料和观点,以确保研究的全面性和客观性。

第四,在写作中,为了凸显自己文章的创新性,有意贬低或忽视其他人的贡献。认真研读相关前人学术成果,清晰梳理前人在自己相关领域的主要观点,并在此基础上总结已有研究的特点、关注问题、主要视角,继而分析前人的研究中哪些问题被忽视、哪些问题有待拓展、哪些新的研究问题可以充分挖掘,是形成自己的研究论题与思路,并最终实现论文创新的关键所在。然而,一些学者在论文写作中为了凸显自己的创新性,有意忽略前人研究,要么说前人没有关注自己研究的论题,或者把前人和自己一样的观点在学术史梳理中故意省略或一笔带过,再或者对前人的研究故意做出偏颇或贬低的评价。这种情况在期刊论文中最为常见。由于篇幅的限制,期刊论文的学术史梳理部分通常无法详细展开,这就造成很多期刊论文的学术史梳理与评论过于简单,往往流于形式。在世界史研究中,由于实现论文创新难度大,此类问题更为常见,而语言与研究领域的限制也使得此类问题在世界史研究中较之中国史研究更加难以被发现。

第五,一稿多投、重复发表。在史学研究中,一稿多投与重复发表问题也是常见的违反学术伦理的行为。由于史学专业期刊数量少,发表录用周期通常在1年以上,期刊回复时间也通常在3个月以上,因此,不少研究者为了提高论文的投稿"命中率"选择"一稿多投"。甚至还有作者为了增加论文发表数量,提高工作绩效,做出"重复发表"学术不端行为。

根据《学术出版规范 期刊学术不端行为界定》(CY/T 174—2019),一稿多投的表现形式包括:

(a) 将同一篇论文同时投给多个期刊。

(b) 在首次投稿的约定回复期内,将论文再次投给其他期刊。

(c) 在未接到期刊确认撤稿的正式通知前,将稿件投给其他期刊。

(d) 将只有微小差别的多篇论文,同时投给多个期刊。

(e) 在收到首次投稿期刊回复之前或在约定期内,对论文进行稍微修改后,投给其他期刊。

(f) 在不作任何说明的情况下,将自己(或自己作为作者之一)已经发表论文,原封不动或做些微修改后再次投稿。①

根据《学术出版规范　期刊学术不端行为界定》(CY/T 174—2019),重复发表的表现形式包括：

(a) 不加引注或说明,在论文中使用自己(或自己作为作者之一)已发表文献中的内容。

(b) 在不作任何说明的情况下,摘取多篇自己(或自己作为作者之一)已发表文献中的部分内容,拼接成一篇新论文后再次发表。

(c) 被允许的二次发表不说明首次发表出处。

(d) 不加引注或说明地在多篇论文中重复使用一次调查、一个实验的数据等。

(e) 将实质上基于同一实验或研究的论文,每次补充少量数据或资料后,多次发表方法、结论等相似或雷同的论文。

(f) 合作者就同一调查、实验、结果等,发表数据、方法、结论等明显相似或雷同的论文。②

虽然在一定程度上一稿多投与重复发表行为由于当前学术研究大环境以及学术期刊资源匮乏等客观原因造成的,但是这样的行为还是不应提倡,一方面这会大大增加各个期刊编辑部的工作量,另一方面也会造成学术资源的严重浪费。而且这样的行为一旦发现也会被期刊编辑部列入失信作者黑名单,甚至几年内拒绝接受失信人的投稿,从而会对研究者的学术声誉造成严重影响。

实际上,由于学术期刊编辑部工作繁忙,许多被拒稿的稿件很难在第一时间通知作者,因此,作者可以选择在投稿后两个月左右时通过电话、邮件主动询问稿件进度,以决定下一步是继续等待还是另投其他刊物。此外,在投稿前,作者应对刊物的定位、发表取向仔细考察,努力做到投稿"有的放矢"。

---

①② 《中华人民共和国新闻出版行业标准》《学术出版规范　期刊学术不端行为界定》(CY/T 174—2019),第4页。

第六，为了体现文章的文献基础扎实，在论文中通过注释或者在参考文献中添加大量根本没有读过或者与文章主题并无相关的文献。这种情况比较常见于研究生毕业论文的参考文献中。许多学生的参考文献多达数十页，实际上大多数文献并没有读过。参考文献通常是指在撰写论文或专著的过程中对论文形成起到重要支撑作用的档案资料、图书、文章等文献资料。论文或专著中引用的文献可以作为参考文献的核心内容，但除了这些内容以外，其他在写作过程中对论文或专著的成型起到重要启发或辅助作用的资料也可以出现在论文或专著的参考文献中。

第七，在文章中添加一些与文章研究主题毫不相关的项目资助信息。当然，这种情况的出现与某些期刊的"硬性"规定也存在密切关系。为了增加文章的引用率和转载率，某些期刊在编辑部初审时会偏向具有权威项目支持的文章或者要求录用发表的文章需要有省部级以上项目资助信息，从而造成了一些作者不得不"病急乱投医"，在文章投稿或发表时寻找相应级别的项目挂靠，即使项目的题目与论文题目毫无关联。

第八，在文章的引用上，为了提高论文的"档次"，故意不引用国内同行的成果或观点。这种情况在世界史论文的写作中很常见。就二手文献而言，世界史研究与写作当然主要以阅读和参考国外同行专著与文章为主，但是这并不意味着国内世界史同行的研究或贡献可以不被尊重或被有意忽视。实际上，国内同行相关研究同样能为研究者提供关键的史料信息，其研究思路、框架设置、主要观点、参考文献都会给研究者的研究带来启示。因此，在世界史论文写作中，一定要尊重国内同行的学术贡献，不能为了所谓论文"品质"，有意不引用国内学术成果，或者明明转引自国内学术成果，却为了"面子"，标注为直引自国外著作或论文。

本章推荐阅读文献

1. 仲伟民：《论文写作中的学术伦理问题》，《抗日战争研究》2020年第4期。
2. 熊帝兵：《历史学硕士研究生论文注释失范及导师应对》，《学位与研究生教育》2019年第5期。

附录1
世界史学术论文版式书写规范

一、注释书写规范

（一）注释体例及标注位置

文献引证方式采用注释体例。

注释放置于当页下（脚注）。注释序号用①、②……标识，每页单独排序。正文中的注释序号统一置于包含引文的句子（有时候也可能是词或词组）或段落标点符号之后。

文章中注释符号应位于要说明的内容和引文之后。文章的标题不加任何注释符号；一般不用除冒号和破折号以外的任何符号，可采取空一格的方式处理。

1. 独立引用完整的一句话，符号顺序为：句末标点、引号、注释符号。

示例：

① 他指出："俄国人也被一本万利的皮毛的传闻所吸引，接踵而来，把从堪察加到美国的这条航路变成了一条热闹一时的海上通道。"①

② 爱因斯坦说："想象力比知识更重要，因为知识是有限的，而想象力概括着世界上的一切，推动着进步，并且是知识进化的源泉。"②

2. 凡是把引用的话作为作者自己的话的一部分，符号顺序为：引号、注释符号、句末标点。

示例：

淘金热在学界享有的传统定位也遭受了冲击，因为它同样属于"1788年澳大利历史中充斥的帝国主义、掠夺性开发、种族主义、男权主义"①。

3. 引用的不是原文，而是原文的意思，符号顺序为：句号、注释符号。

示例:

他们首先是以法国存在"起飞"阶段为前提,结果对"起飞"时期一共提出四个假设阶段:一为旧制度后期;二为拿破仑时期;三为七月王朝和第二帝国时期;四为1895年至1914年。①

(二)注释的标注格式

1. 非连续出版物

(1)著作

标注顺序:责任者与责任方式:《文献题名》,出版地点:出版者出版时间,页码。

责任方式为著时,"著"可省略,其他责任方式不可省略。

引用翻译著作时,将译者作为第二责任者置于文献题名之后。引用《马克思恩格斯全集》《列宁全集》等经典著作应使用最新版本。

示例:

赵景深:《文坛忆旧》,上海:北新书局1948年版,第43页。

谢兴尧整理:《荣庆日记》,西北大学出版社1986年版,第175页。

蒋大兴:《公司法的展开与评判——方法·判例·制度》,北京:法律出版社2001年版,第3页。

任继愈主编:《中国哲学发展史(先秦卷)》,北京:人民出版社1983年版,第25页。

实藤惠秀:《中国人留学日本史》,谭汝谦、林启彦译,香港:中文大学出版社1982年版,第11—12页。

金冲及主编:《周恩来传》,北京:人民出版社、中央文献出版社1989年版,第9页。

佚名:《晚清洋务运动事类汇钞五十七种》上册,北京:全国图书馆文献缩微复制中心1998年版,第56页。

狄葆贤:《平等阁笔记》,上海:有正书局,出版时间不详,第8页。

《马克思恩格斯全集》第31卷,北京:人民出版社1998年版,第46页。

(2)析出文献

标注顺序:责任者:《析出文献题名》,文集责任者与责任方式:《文集题名》,出版地点:出版者出版时间,页码。

文集责任者与析出文献责任者相同时,可省去文集责任者。

示例:

杜威·佛克马:《走向新世界主义》,王宁、薛晓源编:《全球化与后殖民批评》,北京:中央编译出版社1999年版,第247—266页。

鲁迅:《中国小说的历史的变迁》,《鲁迅全集》第9册,北京:人民文学出版社1981年版,第325页。

唐振常:《师承与变法》,《识史集》,上海:上海古籍出版社1997年版,第65页。

(3) 著作、文集的序言、引论、前言、后记

① 序言、前言作者与著作、文集责任者相同。

示例:

李鹏程:《当代文化哲学沉思》,北京:人民出版社1994年版,"序言",第1页。

② 序言有单独的标题,可作为析出文献来标注。

示例:

楼适夷:《读家书,想傅雷(代序)》,傅敏编:《傅雷家书》(增补本),北京:生活·读书·新知三联书店1988年版,第2页。

黄仁宇:《为什么称为"中国大历史"?——中文版自序》,《中国大历史》,北京:生活·读书·新知三联书店1997年版,第2页。

③ 责任者层次关系复杂时,可以通过叙述表明对序言的引证。为了表述紧凑和语气连贯,责任者与文献题名之间的冒号可省去,出版信息可括注起来。

示例:

见戴逸为北京市宣武区档案馆编、王灿炽纂《北京安徽会馆志稿》(北京:北京燕山出版社2001年版)所作的序,第2页。

(4) 古籍

① 刻本。

标注顺序:责任者与责任方式:《文献题名》卷次,篇名,部类(选项),版本,页码。

部类名及篇名用书名号表示,其中不同层次可用中圆点隔开,原序号仍用汉字数字,下同。页码应注明 a、b 面。

示例:

姚际恒:《古今伪书考》卷 3,光绪三年苏州文学山房活字本,第 9 页 a。

② 点校本、整理本。

标注顺序:责任者与责任方式:《文献题名》卷次,篇名,部类(选项),出版地点/出版者出版时间,页码。可在出版时间后注明"标点本""整理本"等。

示例:

毛祥麟:《墨余录》,上海:上海古籍出版社 1985 年版,第 35 页。

③ 影印本。

标注顺序:责任者与责任方式:《文献题名》卷次,篇名,部类(选项),出版者出版时间,(影印)页码。可在出版时间后注明"影印本"。为便于读者查找,缩印的古籍,引用页码还可标明上、中、下栏(选项)。

示例:

杨钟羲:《雪桥诗话续集》卷 5,沈阳:辽沈书社 1991 年版,影印本,上册,第 461 页下栏。

《太平御览》卷 690《服章部七》引《魏台访议》,北京:中华书局 1985 年版,影印本,第 3 册,第 3080 页下栏。

④ 析出文献。

标注顺序:责任者:《析出文献题名》,文集责任者与责任方式:《文集题名》卷次,丛书项(选项,丛书名用书名号),版本或出版信息,页码。

示例:

管志道:《答屠仪部赤水丈书》,《续问辨牍》卷 2,《四库全书存目丛书》,济南:齐鲁书社 1997 年版,影印本,子部,第 88 册,第 73 页。

⑤ 地方志。

唐宋时期的地方志多系私人著作,可标注作者;明清以后的地方志一般不标注作者,书名前冠以修纂成书时的年代(年号);民国地方志,在书名前冠加"民国"二字。新影印(缩印)的地方志可采用新页码。

示例:

乾隆《嘉定县志》卷12《风俗》,第7页b。

民国《上海县续志》卷1《疆域》,第10页b。

万历《广东通志》卷15《郡县志二·广州府·城池》,《稀见中国地方志汇刊》,北京:中国书店1992年版,影印本,第42册,第367页。

⑥ 常用基本典籍,官修大型典籍以及书名中含有作者姓名的文集可不标注作者,如《论语》、二十四史、《资治通鉴》、《全唐文》、《册府元龟》、《清实录》、《四库全书总目提要》、《陶渊明集》等。

示例:

《旧唐书》卷9《玄宗纪下》,北京:中华书局1975年版,标点本,第233页。

《方苞集》卷6《答程夔州书》,上海:上海古籍出版社1983年版,标点本,上册,第166页。

⑦ 编年体典籍,如需要,可注出文字所属之年月甲子(日)。

示例:

《清德宗实录》卷435,光绪二十四年十二月上,北京:中华书局1987年版,影印本,第6册,第727页。

2. 连续出版物

(1) 期刊

标注顺序:责任者:《文献题名》,《期刊名》年期(或卷期,出版年月)。

刊名与其他期刊相同,也可括注出版地点,附于刊名后,以示区别;同一种期刊有两个以上的版别时,引用时须注明版别。

示例:

何龄修:《读顾诚〈南明史〉》,《中国史研究》1998年第3期。

汪疑今:《江苏的小农及其副业》,《中国经济》第4卷第6期,1936年6月15日。

魏丽英:《论近代西北人口波动的主要原因》,《社会科学》(兰州)1990年第6期。

费成康:《葡萄牙人如何进入澳门问题辨证》,《社会科学》(上海)1999年第9期。

董一沙:《回忆父亲董希文》,《传记文学》(北京)2001年第3期。

李济:《创办史语所与支持安阳考古工作的贡献》,《传记文学》(台北)第28卷1976年第1期。

黄义豪:《评黄龟年四劾秦桧》,《福建论坛》(文史哲版)1997年第3期。

苏振芳:《新加坡推行儒家伦理道德教育的社会学思考》,《福建论坛(经济社会版)》1996年第3期。

叶明勇:《英国议会圈地及其影响》,《武汉大学学报(人文科学版)》2001年第2期。

倪素香:《德育学科的比较研究与理论探索》,《武汉大学学报(哲学社会科学版)》2002年第4期。

(2) 报纸

标注顺序:责任者:《篇名》,《报纸名称》出版年月日,版面。

早期中文报纸无版次,可标识卷册、时间或栏目及页码(选注项)。同名报纸应标示出版地点以示区别。

示例:

李眉:《李劼人轶事》,《四川工人日报》1986年8月22日,第2版。

伤心人(麦孟华):《说奴隶》,《清议报》第69册,光绪二十六年十一月二十一日,第1页。

《四川会议厅暂行章程》,《广益丛报》第8年第19期,1910年9月3日,"新章",第1—2页。

《上海各路商界总联合会致外交部电》,《民国日报》(上海)1925年8月14日,第4版。

《西南中委反对在宁召开五全会》,《民国日报》(广州)1933年8月11日,第1张第4版。

3. 未刊文献

(1) 学位论文、会议论文等

标注顺序:责任者:《文献标题》,论文性质,地点或学校,文献形成时间,页码。

示例:

方明东:《罗隆基政治思想研究(1913—1949)》,博士学位论文,北京师范大学历史系,2000年,第67页。

任东来:《对国际体制和国际制度的理解和翻译》,全球化与亚太区域化国际研讨会论文,天津,2000年6月,第9页。

(2) 手稿、档案文献

标注顺序:《文献标题》,文献形成时间,卷宗号或其他编号,收藏机构或单位。

示例:

《傅良佐致国务院电》,1917年9月15日,北洋档案1011—5961,中国第二历史档案馆藏。

《党外人士座谈会记录》,1950年7月,李劼人档案,中共四川省委统战部档案室藏。

4. 转引文献

无法直接引用的文献,转引自他人著作时,须标明。标注顺序:责任者:《原文献题名》,原文献版本信息,原页码(或卷期),转引文献责任者:《转引文献题名》版本信息,页码。

示例:

章太炎:《在长沙晨光学校演说》,1925年10月,转引自汤志钧:《章太炎年谱长编》下册,中华书局1979年版,第823页。

5. 电子文献

电子文献包括以数码方式记录的所有文献(含以胶片、磁带等介质记录的电影、录像、录音等音像文献)。

标注项目与顺序:责任者:《电子文献题名》,更新或修改日期,获取和访问路径,引用日期。

示例:

王明亮:《关于中国学术期刊标准化数据库系统工程的进展》,1998年8月16日,http://www.cajcd.cn/pub/wml.txt/980810-2.html,浏览日期:1998年10月4日。

扬之水:《两宋茶诗与茶事》,《文学遗产通讯》(网络版试刊)2006年第1期,http://www.literature.org.cn/Article.asp?ID=199,浏览日期:2007年9

月 13 日。

6. 外文文献

(1) 引证外文文献,原则上使用该语种通行的引证标注方式

(2) 英文文献的标注方式

① 专著。

标注顺序:责任者与责任方式,文献题名,出版地点:出版者,出版时间,页码。文献题名用斜体,出版地点后用英文冒号,其余各标注项目之间,用英文逗点隔开,下同。作者要使用名前姓后的书写方式。

示例:

Peter Brooks, *Troubling Confessions: Speaking Guilt in Law and Literature*, Chicago, Ill.: University of Chicago Press, 2000, p.48.

Randolph Starn and Loren Partridge, *The Arts of Power: Three Halls of State in Italy, 1300-1600*, Berkeley, Ca.: California University Press, 1992, pp.19-28.

② 译著。

标注顺序:责任者,文献题名,译者,出版地点:出版者,出版时间,页码。

示例:

M. Polo, *The Travels of Marco Polo*, trans. by William Marsden, Hertfordshire, Herts.: Cumberland House, 1997, pp.55, 88.

③ 期刊析出文献。

标注顺序:责任者,"析出文献题名",期刊名,卷册及出版时间,页码。析出文献题名用英文引号标识,期刊名用斜体,下同。

示例:

Heath B. Chamberlain, "On the Search for Civil Society in China," *Modern China*, Vol.19, No.2 (April 1993), pp.199-215.

④ 文集析出文献。

标注顺序:责任者,"析出文献题名", in 编者,文集题名,出版地点:出版者,出版时间,页码。

示例:

R. S. Schfield, "The Impact of Scarcity and Plenty on Population Change in England," in R. I. Rotberg and T. K. Rabb, eds., *Hunger and History: The Impact of Changing Food Production and Consumption Pattern on Society*, Cambridge, Mass.: Cambridge University Press, 1983, p.79.

⑤ 档案文献。

标注顺序:"文献标题",文献形成时间,卷宗号或其他编号,藏所。

"Nixon to Kissinger, 1 February, 1969," Box 1032, NSC Files, Nixon Presidential Material Project (NPMP), National Archives II, College Park, MD.

⑥ 报纸。

标注顺序:责任者,"篇名",报纸名称,出版时间。

示例:

"Americanism," *New York Times*, September 2, 1915.

(3) 日文文献

① 专著。

标注顺序:责任者与责任方式:『文献题名』、出版地点:出版者、出版时间、页码。

责任方式为著时,"著"可省略,其他责任方式不可省略。

示例:

岩橋遵成:『徂徠研究』、東京:開書院、1934年、第244頁。

村井章介:『アジアのなかの中世日本』、東京:校倉書房、1988年、第84—88頁;村井章介:『分裂する王権と社会』、東京:中央公論新社、2003年、第172—185頁。

② 期刊。

标注顺序:责任者:「文献题名」、『期刊名』年期(或卷期,出版年月)。

刊名与其他期刊相同,也可括注出版地点,附于刊名后,以示区别;同一种期刊有两个以上的版别时,引用时须注明版别。

示例:

柳沢遊:「在"満州"日本人商工業者の衰退過程——1921年大連商業会

議所会員分析」、『三田学会雑誌』1999 年第 1 期。

松野周治:「帝国主義確立期日本の対満州通貨金融政策」、『経済論叢』1977 年 7 月。

③ 析出文献。

标注顺序：责任者：「析出文献题名」、文集责任者与责任方式：『文集题名』、出版地点：出版者、出版时间、页码。

示例：

伊藤仁斎：「語孟字義」、吉川幸次郎等校注：『伊藤仁斎・伊藤東涯』（日本思想大系 33）、東京：岩波書店、1971 年、第 124—125 頁。

田中健夫：「足利将軍と日本国王号」、田中健夫編：『日本前近代の国家と対外関係』、東京：吉川弘文館、1987 年、第 9 頁。

（三）其他

1. 再次引证时的项目简化

同一文献再次引证时只需标注责任者、题名、页码，出版信息可以省略。

示例：

赵景深：《文坛忆旧》，第 24 页。

鲁迅：《中国小说的历史的变迁》，《鲁迅全集》第 9 册，第 326 页。

2. 间接引文的标注

间接引文通常以"参见"或"详见"等引领词引导，反映出与正文行文的呼应，标注时应注出具体参考引证的起止页码或章节。标注项目、顺序与格式同直接引文。

示例：

参见邱陵编著：《书籍装帧艺术简史》，哈尔滨：黑龙江人民出版社 1984 年版，第 28—29 页。

详见张树年主编：《张元济年谱》，北京：商务印书馆 1991 年版，第 6 章。

3. 引用先秦诸子等常用经典古籍，可使用夹注，夹注应使用不同于正文的字体。

示例：

庄子说惠子非常博学，"惠施多方，其书五车"（《庄子·天下》）。

天神所具有道德,也就是"保民""裕民"的道德;天神所具有的道德意志,代表的是人民的意志。这也就是所谓"天聪明自我民聪明,天明畏自我民明畏"(《尚书·皋陶谟》),"民之所欲,天必从之"(《尚书·泰誓》)。

二、符号、数字、表格等书写规范

(一)连接号

半字线"-"占半格、一字线"—"占一格、两字线"——"占两格。

1. 半字线"-"

用在外国人的姓名中和外文题目的年代里。

示例:

让-夏尔·阿舍兰

Lee Eldridge Huddleston, *Origins of the American Indians: European Concepts, 1492-1729*, University of Texas Press, 2015, p.177.

2. 一字线"—"

用在两个相关的名词之间,构成一个意义单位;用在相关的时间、地点、数目之间;用在几个相关项目之间,表示递进式发展。不能写成波纹。

示例:

秦岭—淮海以北地区;原子—分子论。

1953年9月—1985年3月;1840—1889年。

人类的发展可以分为古猿—猿人—古人—新人四个阶段。

厉以宁:《罗马—拜占庭经济史》,商务印书馆2006年版,第111—115页。

3. 两字线"——"

即破折号,行文中解释说明的语句。不能写成"——"。

示例:

我们来到大会堂建筑的枢纽部分——中央大厅。

(二)数字和符号的写法

1. 应保持计量单位的一致性

0.5%—1.5%不能写成0.5—1.5%。

以"十、百、千、十万"记位时,不能写成15—17亿,要写成15亿—17亿。

2. 数字间不用符号的情况

一两个小时;七八十种;五六十年代。

3. 必须用汉字数字的情况

带有"几"字的数字必须用汉字,用"多""余"等表示的概数一般用汉字。

示例:

几千年;十几天;十余次;一千多件;约三千会员;十来年;四十岁左右。

但是表示略语时应加顿号:二、三线;初中一、二年级;八、九两个月。

4. 年代要写全称,不可随意使用简称

1998年不能缩写成98年;1960—1980年不能写成1960—80年。

5. 序号后的符号规范

"第一""第二""第三"后面用逗号",";"一""二""三"后面用顿号"、";"1""2""3"和"A""B""C"后面用齐线黑点"."。

6. 大额数字的表示方式

文章中的数字一般以"万"为计算单位,不便以"万"计算的数字每三位数空半个字符。

示例:

157000为15.7万;4319000为431.9万;43211987为43 211 987。

7. 符号位置规范

句号、问号、逗号等标点符号不应居一行之首;引号、书名号等前一半不能居行末,后一半不能居行首。

(三)省略号

1. 省略号"……"后不再加"等等"。

2. 省略号后面一般不用标点。

示例:

不受制约的权力将产生腐败现象。但是,谁来制约?谁来监督?谁能制约?谁能监督?……尚有一系列问题需要深入探讨。

在广州的花市上,牡丹、吊钟、水仙……春秋冬三季的鲜花都挤在一起啦!

（四）表格

论文中的表格要有标题；格式采用三线表，隐藏纵向框线；如果有两个以上的表格，表格要有序号。表格内的注释方式是表尾注。

（五）论文中术语和缩略语的统一

1. 论文中重复出现的人名、地名必须统一，凡通用的人名和地名应采用新华社译名室编《世界人名翻译大辞典》、商务印书馆出版的《姓名译名手册》和周定国编《世界地名翻译大辞典》、商务印书馆出版的《外国地名译名手册》译法。无从查考的可查辛华编的《译音表》译音。

2. 专有名词的缩略形式除人们比较熟悉的（如鞍钢、欧盟）外，应先交代全称，标题可以用缩略词。不能使用自造词汇和缩略词。

（六）论文中外文的使用

论文中的外文专有名词应予以翻译，应在首次出现的译文后括注外文，非英文的西方外文应斜体表示。

示例：

"维兰"（*Villani*）一词是诺曼人引进英格兰的一个法文词汇。

三、参考文献书写规范

参考文献通常适用于学位论文或专著，其书写规范与注释基本相同，但要注意以下几点。

（一）作者名的书写顺序不同

外文参考文献作者名的书写顺序是姓前名后，有两个以上作者的情况为第一个作者姓前名后，最后一个作者名前姓后。

示例：

Olmstead, A. T., *History of the Persian Empire: Achaemenid Period*, Chicago: University of Chicago Press, 1948.

Ransom, Roger L., and Richard Sutch, *One Kind of Freedom: the Economic Consequences of Emancipation*, New York: Cambridge University Press, 2001.

（二）外文期刊文章需要写全页码

示例：

Chamberlain, Heath B., "On the Search for Civil Society in China," *Modern China*, Vol.19, No.2 (April 1993), pp.195‑221.

(三)注意将英文人名译成中文时的连接符号与缩略符号的区别

Franklin D. Roosevelt 的中文译名是"富兰克林·D.罗斯福"而不是"富兰克林·D·罗斯福"。

(四)字体要求

注释和参考文献字体与正文要求一样:中文用宋体,英文用 Times New Roman。

(五)参考文献分类

参考文献种类较多时,可按如下类别分类排列,便于读者检阅。

一、原始文献

1. 档案馆资源

2. 数据库资源

二、中文著述

1. 专著

2. 译著

3. 文章(含报纸文章)

4. (硕)博士论文

三、外文著述

1. 专著

2. 文章(含报纸文章)

3. (硕)博士论文

四、网站

……

附录 2
学术出版规范
期刊学术不端行为界定

中华人民共和国新闻出版行业标准(CY/T 174—2019)

1 范围

本标准界定了学术期刊论文作者、审稿专家、编辑者所可能涉及的学术不端行为。

本标准适用于学术期刊论文出版过程中各类学术不端行为的判断和处理。其他学术出版物可参照使用。

2 术语和定义

下列术语和定义适用于本文件。

2.1
剽窃 plagiarism

采用不当手段，窃取他人的观点、数据、图像、研究方法、文字表述等并以自己名义发表的行为。

2.2
伪造 fabrication

编造或虚构数据、事实的行为。

2.3
篡改 falsification

故意修改数据和事实使其失去真实性的行为。

2.4

不当署名 inappropriate authorship

与对论文实际贡献不符的署名或作者排序行为。

2.5

一稿多投 duplicate submission; multiple submissions

将同一篇论文或只有微小差别的多篇论文投给两个及以上期刊,或者在约定期限内再转投其他期刊的行为。

2.6

重复发表 overlapping publications

在未说明的情况下重复发表自己(或自己作为作者之一)已经发表文献中内容的行为。

3 论文作者学术不端行为类型

3.1 剽窃

3.1.1 观点剽窃

不加引注或说明地使用他人的观点,并以自己的名义发表,应界定为观点剽窃。观点剽窃的表现形式包括:

a) 不加引注地直接使用他人已发表文献中的论点、观点、结论等。

b) 不改变其本意地转述他人的论点、观点、结论等后不加引注地使用。

c) 对他人的论点、观点、结论等删减部分内容后不加引注地使用。

d) 对他人的论点、观点、结论等进行拆分或重组后不加引注地使用。

e) 对他人的论点、观点、结论等增加一些内容后不加引注地使用。

3.1.2 数据剽窃

不加引注或说明地使用他人已发表文献中的数据,并以自己的名义发表,应界定为数据剽窃。数据剽窃的表现形式包括:

a) 不加引注地直接使用他人已发表文献中的数据。

b) 对他人已发表文献中的数据进行一些微修改后不加引注地使用。

c) 对他人已发表文献中的数据进行一些添加后不加引注地使用。

d) 对他人已发表文献中的数据进行部分删减后不加引注地使用。

e）改变他人已发表文献中数据原有的排列顺序后不加引注地使用。

f）改变他人已发表文献中的数据的呈现方式后不加引注地使用,如将图表转换成文字表述,或者将文字表述转换成图表。

3.1.3　图片和音视频剽窃

不加引注或说明地使用他人已发表文献中的图片和音视频,并以自己的名义发表,应界定为图片和音视频剽窃。图片和音视频剽窃的表现形式包括：

a）不加引注或说明地直接使用他人已发表文献中的图像、音视频等资料。

b）对他人已发表文献中的图片和音视频进行一些微修改后不加引注或说明地使用。

c）对他人已发表文献中的图片和音视频添加一些内容后不加引注或说明地使用。

d）对他人已发表文献中的图片和音视频删减部分内容后不加引注或说明地使用。

e）对他人已发表文献中的图片增强部分内容后不加引注或说明地使用。

f）对他人已发表文献中的图片弱化部分内容后不加引注或说明地使用。

3.1.4　研究（实验）方法剽窃

不加引注或说明地使用他人具有独创性的研究（实验）方法,并以自己的名义发表,应界定为研究（实验）方法剽窃。研究（实验）方法剽窃的表现形式包括：

a）不加引注或说明地直接使用他人已发表文献中具有独创性的研究（实验）方法。

b）修改他人已发表文献中具有独创性的研究（实验）方法的一些非核心元素后不加引注或说明地使用。

3.1.5　文字表述剽窃

不加引注地使用他人已发表文献中具有完整语义的文字表述,并以自己的名义发表,应界定为文字表述剽窃。文字表述剽窃的表现形式包括：

a）不加引注地直接使用他人已发表文献中的文字表述。

b）成段使用他人已发表文献中的文字表述,虽然进行了引注,但对所使用文字不加引号,或者不改变字体,或者不使用特定的排列方式显示。

c) 多处使用某一已发表文献中的文字表述,却只在其中一处或几处进行引注。

d) 连续使用来源于多个文献的文字表述,却只标注其中一个或几个文献来源。

e) 不加引注、不改变其本意地转述他人已发表文献中的文字表述,包括概括、删减他人已发表文献中的文字,或者改变他人已发表文献中的文字表述的句式,或者用类似词语对他人已发表文献中的文字表述进行同义替换。

f) 对他人已发表文献中的文字表述增加一些词句后不加引注地使用。

g) 对他人已发表文献中的文字表述删减一些词句后不加引注地使用。

3.1.6 整体剽窃

论文的主体或论文某一部分的主体过度引用或大量引用他人已发表文献的内容,应界定为整体剽窃。整体剽窃的表现形式包括:

a) 直接使用他人已发表文献的全部或大部分内容。

b) 在他人已发表文献的基础上增加部分内容后以自己的名义发表,如补充一些数据,或者补充一些新的分析等。

c) 对他人已发表文献的全部或大部分内容进行缩减后以自己的名义发表。

d) 替换他人已发表文献中的研究对象后以自己的名义发表。

e) 改变他人已发表文献的结构、段落顺序后以自己的名义发表。

f) 将多篇他人已发表文献拼接成一篇论文后发表。

3.1.7 他人未发表成果剽窃

未经许可使用他人未发表的观点,具有独创性的研究(实验)方法,数据、图片等,或获得许可但不加以说明,应界定为他人未发表成果剽窃。他人未发表成果剽窃的表现形式包括:

a) 未经许可使用他人已经公开但未正式发表的观点,具有独创性的研究(实验)方法、数据、图片等。

b) 获得许可使用他人已经公开但未正式发表的观点,具有独创性的研究(实验)方法、数据、图片等,却不加引注,或者不以致谢等方式说明。

3.2 伪造

伪造的表现形式包括：

a) 编造不以实际调查或实验取得的数据、图片等。

b) 伪造无法通过重复实验而再次取得的样品等。

c) 编造不符合实际或无法重复验证的研究方法、结论等。

d) 编造能为论文提供支撑的资料、注释、参考文献。

e) 编造论文中相关研究的资助来源。

f) 编造审稿人信息、审稿意见。

3.3 篡改

篡改的表现形式包括：

a) 使用经过擅自修改、挑选、删减、增加的原始调查记录、实验数据等，使原始调查记录、实验数据等的本意发生改变。

b) 拼接不同图片从而构造不真实的图片。

c) 从图片整体中去除一部分或添加一些虚构的部分，使对图片的解释发生改变。

d) 增强、模糊、移动图片的特定部分，使对图片的解释发生改变。

e) 改变所引用文献的本意，使其对己有利。

3.4 不当署名

不当署名的表现形式包括：

a) 将对论文所涉及的研究有实质性贡献的人排除在作者名单外。

b) 未对论文所涉及的研究有实质性贡献的人在论文中署名。

c) 未经他人同意擅自将其列入作者名单。

d) 作者排序与其对论文的实际贡献不符。

e) 提供虚假的作者职称、单位、学历、研究经历等信息。

3.5 一稿多投

一稿多投的表现形式包括：

a) 将同一篇论文同时投给多个期刊。

b) 在首次投稿的约定回复期内，将论文再次投给其他期刊。

c) 在未接到期刊确认撤稿的正式通知前，将稿件投给其他期刊。

d) 将只有微小差别的多篇论文,同时投给多个期刊。

e) 在收到首次投稿期刊回复之前或在约定期内,对论文进行稍微修改后,投给其他期刊。

f) 在不做任何说明的情况下,将自己(或自己作为作者之一)已经发表论文,原封不动或做些微修改后再次投稿。

3.6 重复发表

重复发表的表现形式包括:

a) 不加引注或说明,在论文中使用自己(或自己作为作者之一)已发表文献中的内容。

b) 在不做任何说明的情况下,摘取多篇自己(或自己作为作者之一)已发表文献中的部分内容,拼接成一篇新论文后再次发表。

c) 被允许的二次发表不说明首次发表出处。

d) 不加引注或说明地在多篇论文中重复使用一次调查、一个实验的数据等。

e) 将实质上基于同一实验或研究的论文,每次补充少量数据或资料后,多次发表方法、结论等相似或雷同的论文。

f) 合作者就同一调查、实验、结果等,发表数据、方法、结论等明显相似或雷同的论文。

3.7 违背研究伦理

论文涉及的研究未按规定获得伦理审批,或者超出伦理审批许可范围,或者违背研究伦理规范,应界定为违背研究伦理。违背研究伦理的表现形式包括:

a) 论文所涉及的研究未按规定获得相应的伦理审批,或不能提供相应的审批证明。

b) 论文所涉及的研究超出伦理审批许可的范围。

c) 论文所涉及的研究中存在不当伤害研究参与者,虐待有生命的实验对象,违背知情同意原则等违背研究伦理的问题。

d) 论文泄露了被试者或被调查者的隐私。

e) 论文未按规定对所涉及研究中的利益冲突予以说明。

3.8 其他学术不端行为

其他学术不端行为包括：

a) 在参考文献中加入实际未参考过的文献。

b) 将转引自其他文献的引文标注为直引，包括将引自译著的引文标注为引自原著。

c) 未以恰当的方式，对他人提供的研究经费、实验设备、材料、数据、思路、未公开的资料等，给予说明和承认（有特殊要求的除外）。

d) 不按约定向他人或社会泄露论文关键信息，侵犯投稿期刊的首发权。

e) 未经许可，使用需要获得许可的版权文献。

f) 使用多人共有版权文献时，未经所有版权者同意。

g) 经许可使用他人版权文献，却不加引注，或引用文献信息不完整。

h) 经许可使用他人版权文献，却超过了允许使用的范围或目的。

i) 在非匿名评审程序中干扰期刊编辑、审稿专家。

j) 向编辑推荐与自己有利益关系的审稿专家。

k) 委托第三方机构或者与论文内容无关的他人代写、代投、代修。

l) 违反保密规定发表论文。

4 审稿专家学术不端行为类型

4.1 违背学术道德的评审

论文评审中姑息学术不端的行为，或者依据非学术因素评审等，应界定为违背学术道德的评审。违背学术道德的评审的表现形式包括：

a) 对发现的稿件中的实际缺陷、学术不端行为视而不见。

b) 依据作者的国籍、性别、民族、身份地位、地域以及所属单位性质等非学术因素等，而非论文的科学价值、原创性和撰写质量以及与期刊范围和宗旨的相关性等，提出审稿意见。

4.2 干扰评审程序

故意拖延评审过程，或者以不正当方式影响发表决定，应界定为干扰评审程序。干扰评审程序的表现形式包括：

a) 无法完成评审却不及时拒绝评审或与期刊协商。

b) 不合理地拖延评审过程。

c) 在非匿名评审程序中不经期刊允许,直接与作者联系。

d) 私下影响编辑者,左右发表决定。

4.3 违反利益冲突规定不公开或隐瞒与所评审论文的作者的利益关系,或者故意推荐与特定稿件存在利益关系的其他审稿专家等,应界定为违反利益冲突规定。违反利益冲突规定的表现形式包括:

a) 未按规定向编辑者说明可能会将自己排除出评审程序的利益冲突。

b) 向编辑者推荐与特定稿件存在可能或潜在利益冲突的其他审稿专家。

c) 不公平地评审存在利益冲突的作者的论文。

4.4 违反保密规定

擅自与他人分享、使用所审稿件内容,或者公开未发表稿件内容,应界定为违反保密规定。违反保密规定的表现形式包括:

a) 在评审程序之外与他人分享所审稿件内容。

b) 擅自公布未发表稿件内容或研究成果。

c) 擅自以与评审程序无关的目的使用所审稿件内容。

4.5 盗用稿件内容

擅自使用自己评审的、未发表稿件中的内容,或者使用得到许可的未发表稿件中的内容却不加引注或说明,应界定为盗用所审稿件内容。盗用所审稿件内容的表现形式包括:

a) 未经论文作者、编辑者许可,使用自己所审的、未发表稿件中的内容。

b) 经论文作者、编辑者许可,却不加引注或说明地使用自己所审的、未发表稿件中的内容。

4.6 谋取不正当利益

利用评审中的保密信息、评审的权利为自己谋利,应界定为谋取不正当利益。谋取不正当利益的表现形式包括:

a) 利用保密的信息来获得个人的或职业上的利益。

b) 利用评审权利谋取不正当利益。

4.7 其他学术不端行为

其他学术不端行为包括:

a）发现所审论文存在研究伦理问题但不及时告知期刊。

b）擅自请他人代自己评审。

5 编辑者学术不端行为类型

5.1 违背学术和伦理标准提出编辑意见

不遵循学术和伦理标准、期刊宗旨提出编辑意见，应界定为违背学术和伦理标准提出编辑意见。违背学术和伦理标准提出编辑意见表现形式包括：

a）基于非学术标准、超出期刊范围和宗旨提出编辑意见。

b）无视或有意忽视期刊论文相关伦理要求提出编辑意见。

5.2 违反利益冲突规定

隐瞒与投稿作者的利益关系，或者故意选择与投稿作者有利益关系的审稿专家，应界定为违反利益冲突规定。违反利益冲突规定的表现形式包括：

a）没有向编辑者说明可能会将自己排除出特定稿件编辑程序的利益冲突。

b）有意选择存在潜在或实际利益冲突的审稿专家评审稿件。

5.3 违反保密要求

在匿名评审中故意透露论文作者、审稿专家的相关信息，或者擅自透露、公开、使用所编辑稿件的内容，或者因不遵守相关规定致使稿件信息外泄，应界定为违反保密要求。违反保密要求的表现形式包括：

a）在匿名评审中向审稿专家透露论文作者的相关信息。

b）在匿名评审中向论文作者透露审稿专家的相关信息。

c）在编辑程序之外与他人分享所编辑稿件内容。

d）擅自公布未发表稿件内容或研究成果。

e）擅自以与编辑程序无关的目的使用稿件内容。

f）违背有关安全存放或销毁稿件和电子版稿件文档及相关内容的规定，致使信息外泄。

5.4 盗用稿件内容

擅自使用未发表稿件的内容，或者经许可使用未发表稿件内容却不加引注或说明，应界定为盗用稿件内容。盗用稿件内容的表现形式包括：

a）未经论文作者许可，使用未发表稿件中的内容。

b）经论文作者许可，却不加引注或说明地使用未发表稿件中的内容。

5.5 干扰评审

影响审稿专家的评审，或者无理由地否定、歪曲审稿专家的审稿意见，应界定为干扰评审。干扰评审的表现形式包括：

a）私下影响审稿专家，左右评审意见。

b）无充分理由地无视或否定审稿专家给出的审稿意见。

c）故意歪曲审稿专家的意见，影响稿件修改和发表决定。

5.6 谋取不正当利益

利用期刊版面、编辑程序中的保密信息、编辑权利等谋利，应界定为谋取不正当利益。谋取不正当利益的表现形式包括：

a）利用保密信息获得个人或职业利益。

b）利用编辑权利左右发表决定，谋取不当利益。

c）买卖或与第三方机构合作买卖期刊版面。

d）以增加刊载论文数量牟利为目的扩大征稿和用稿范围，或压缩篇幅单期刊载大量论文。

5.7 其他学术不端行为

其他学术不端行为包括：

a）重大选题未按规定申报。

b）未经著作权人许可发表其论文。

c）对需要提供相关伦理审查材料的稿件，无视相关要求，不执行相关程序。

d）刊登虚假或过时的期刊获奖信息、数据库收录信息等。

e）随意添加与发表论文内容无关的期刊自引文献，或者要求、暗示作者非必要地引用特定文献。

f）以提高影响因子为目的协议和实施期刊互引。

g）故意歪曲作者原意修改稿件内容。

参 考 文 献

[1] GB/T 7714—2015 信息与文献 参考文献著录规则

[2] 新闻出版总署科技发展司,新闻出版总署图书出版管理司,中国标准出版

社.作者编辑常用标准及规范(第三版).北京:中国标准出版社,2011.

[3] 汪继祥.科学出版社作者编辑手册.北京:科学出版社,2010.

[4] Francis L. Macrina. *Scientific Integrity: Text and Cases in Responsible Conduct of Research*. Washington, DC: ASM Press, 2005.

[5] InterAcademy Partnership. *Doing Global Science: A Guide to Responsible Conduct in the Global Research Enterprise*. Princeton and Oxford: Princeton University Press, 2016.